AF465257

CATALOGUE

PAR ORDRE DE MATIÈRES

DE LA BIBLIOTHÈQUE

DE LA

COUR IMPÉRIALE DE RIOM,

SUIVI

D'UNE TABLE ALPHABÉTIQUE DES AUTEURS ET DES OUVRAGES ANONYMES,

PAR M. DE FRÉMINVILLE,

Conseiller, Bibliothécaire honoraire.

1857.

RIOM

G. LEBOYER, IMPRIMEUR DE LA COUR IMPÉRIALE,

3, Rue Pascal.

CATALOGUE

DE LA

BIBLIOTHÈQUE DE LA COUR IMPÉRIALE

DE RIOM.

CATALOGUE

PAR ORDRE DE MATIÈRES

DE LA BIBLIOTHÈQUE

DE LA

COUR IMPÉRIALE DE RIOM,

SUIVI

D'UNE TABLE ALPHABÉTIQUE DES AUTEURS ET DES OUVRAGES ANONYMES,

PAR M. DE FRÉMINVILLE,

Conseiller, Bibliothécaire honoraire.

1857.

RIOM

G. LEBOYER, IMPRIMEUR DE LA COUR IMPÉRIALE,

3, Rue Pascal.

1858

CATALOGUE

DES LIVRES COMPOSANT

LA

BIBLIOTHÈQUE DE LA COUR IMPÉRIALE

DE RIOM.

LIVRE Ier.

RELIGION.

CHAPITRE Ier.

RELIGION. — ÉGLISE CATHOLIQUE ROMAINE. — CONSTITUTIONS ET INSTITUTIONS RELIGIEUSES.

1 La Religion et la Liberté considérées dans leurs rapports, par L.-E. Bautain. Paris, 1848, in-8°.

2 Minutius Felix. — Choix de Monuments primitifs de l'Eglise chrétienne.
Panthéon littéraire, t. 33. Paris, 1837.

3 Lactance. — Mort des persécuteurs. — Institutions divines.
Panthéon littéraire, t. 33. Paris, 1837.

4 Maternus. — Erreurs des Religions profanes.
Panthéon littéraire, t. 33. Paris, 1837.

5 Tertullien.—Vingt-trois Traités, entr'autres, l'Apologétique, les Traités contre les Spectacles, contre les Juifs, de l'Ame.
Panthéon littéraire, t. 33. Paris, 1837.

6 Tauler. — Institutions divines.
Panthéon littéraire, t. 32. Paris, 1835.

7 Bona (cardinal). — Principes de la vie chrétienne. — Chemin du ciel.
Panthéon littéraire, t. 32. Paris, 1835.

8 Jérôme (saint). — Ses œuvres.
Panthéon littéraire, t. 34. Paris, 1837.

9 Cyprien (saint). — Douze Traités (matières religieuses).
Panthéon littéraire, t. 33. Paris, 1837.

10 Bernard (saint). — Traité de la Considération.
Panthéon littéraire, t. 32. Paris, 1835.

11 Place (de la). — Commentaire de l'état de religion.
Panthéon littéraire, t. 14. Paris, 1836.

12 Augustin (saint). — Confessions. — Méditations.
Panthéon littéraire, t. 32. Paris, 1835.

13 Gersen. — Imitation de Jésus-Christ.
Panthéon littéraire, t. 32. Paris, 1835.

14 Louis de Blois. — Le Directeur des âmes religieuses.
Panthéon littéraire, t. 32. Paris, 1835.

15 Lettres édifiantes des Missionnaires en pays étrangers.
Panthéon littéraire, t. 44 et 45. Paris, 1838.

16 Les Douze Règles de Jean Pic de la Mirandole, translatées par de Corras Paris, 1696, in-12.

17 Le Catéchisme de Meaux. — Voir au t. 6 des œuvres de Bossuet, n° 1304.

18 Élévations à Dieu sur les mystères. —V. t. 8 des œuvres de Bossuet, n° 1304.

19 Méditations sur l'Evangile. — V. t. 9 et 10 des œuvres de Bossuet, n° 1304.

20 Pensées, fragments et lettres de Blaise Pascal, publiés pour la première fois conformément aux manuscrits originaux et en grande partie inédits, par Prosper Faugère. Paris, 1844, 2 vol. in-8°.

21 Libertés de l'Eglise Gallicane, par Dupin. Paris, 1824, in-12.

22 Traité des libertés de l'Eglise de France. — Voir t. 1, p. 89, 130, 207 et 227 des œuvres de Coquille, n° 538.

23 Priviléges accordés à la Couronne de France par le Saint-Siége, publiés d'après les originaux conservés aux archives de l'Empire et à la bibliothèque impériale, par Tárdif. Paris, 1856, in-4°.

24 Discours, Rapports et Travaux inédits sur le Concordat de 1801; les articles organiques publiés en même temps que ce Concordat, et sur diverses questions de droit public, concernant la liberté des cultes, la protection qui leur est due, leur établissement dans l'État et leur police extérieure; les associations religieuses, l'instruction et les écoles publiques, par Jean-Etienne-Marie Portalis, publiés et précédés d'une introduction par le vicomte Frédéric Portalis. Paris, 1845, in-8°.

25 Les Constitutions des Jésuites avec les déclarations; texte latin d'après l'édition de Prague. Paris, 1843, in-8°. — Autre édition du même ouvrage, 1843, édit. Charpentier.

26 Traité de la Police des Cultes, par Louis Dufour. Paris, 1847, 1 vol. en deux parties.

CHAPITRE II.

HISTOIRE DE L'ÉGLISE.

27 Histoire universelle de l'Eglise catholique, par l'abbé Rohrbacher, 2e édit. Paris, 1850-53, 29 vol. in-8°.

28 Etudes sur les premiers temps du Christianisme et sur le moyen-âge, par Philarète Chasles. Paris, 1847, in-12.

29 Histoire de la destruction du Paganisme en Occident, ouvrage couronné par l'Académie royale des inscriptions et belles-lettres, en l'année 1832, par A. Beugnot. Paris, 1835, 2 vol. in-8°.

30 Histoire des variations des Eglises protestantes. — Voir t. 19 et 20 des œuvres de Bossuet, n° 1304.

31 Gallia Christiana, opus fratrum Sammarthanorum (sainte Marthe).
Lutetiæ Parisiorum, 1656, 4 vol. in-folio.

32 Histoire de la fondation du Chapitre de Saint-Denis, par l'archevêque de Paris. 1847, 187 p. p. in-18.

33 Remontrances du Clergé de France faites au roi à Fontainebleau, le 30 juillet 1646, par messire Jean-François-Paul de Gondy. Paris, 1646, in-4°.

34 Chronologie des Évêques de Clermont et des principaux événements de l'histoire ecclésiastique de l'Auvergne, par Gonod. Clermont-Ferrand, 1833, in-4°, 60 p. p.

CHAPITRE III.

CONCILES ET SYNODES

35 Délibérations de l'Assemblée des Cardinaux, Archevêques et Evêques, tenue à Paris en l'année 1713, sur l'acceptation de la Constitution en forme de bulle de Notre St-Père le Pape Clément XI, portant condamnation de plusieurs propositions d'un livre intitulé le Nouveau Testament en français, avec des réflexions morales sur chaque verset, imprimé à Paris en 1699, avec la même constitution en latin et en français. Rouen, 1714, in-4°. (Bulle unigenitus, ou Constitution unigenitus).

36 Concile de Clermont en 1095, par le comte Martha Becker. Clermont, 1854, 16 p. p. in-8°

LIVRE II.

HISTOIRE.

CHAPITRE Ier.

GÉOGRAPHIE. — ATLAS. — CARTES.

37 Valesii Hadriani notitia Gallorum, ordine litterarum digesta in qua situs, gentes, oppida, portus, castella,

vici, montes, silvæ, flumina, fontes, lacus, etc., illustrantur. Paris, 1675, in-folio.

38 Précis de la Géographie universelle, par Maltebrun, nouv. édit. revue par Huot. Paris, 1831, 12 vol. in-8°, avec atlas.

39 Dictionnaire de Géographie, par Marc-Carthy. Paris, 1839, 2 vol. in-8°.

40 Dictionnaire géographique, historique, administratif, industriel et commercial de toutes les communes de la France et de plus de vingt mille hameaux en dépendant, avec gravures et costumes, etc., publié par Girault de Saint-Fargeau. Paris, 1844, 3 vol. in-4°.

41 Atlas historique, généalogique, chronologique et géographique de A. Lesage (comte de Las Cases). Paris, in-folio.

42 Géographie départementale, classique et administrative de la France, suivie d'un Dictionnaire des communes et localités remarquables des départements, avec carte spéciale, par Badin et Quantin. Paris, 1847, 15 vol. in-12.

43 Livre de poste, contenant : 1° la désignation des relais de poste de la République française, et la fixation des distances en myriamètres et kilomètres, etc., pour l'année 1850, in-8°.

44 Dictionnaire des lieux habités du département du Puy-de-Dôme, par J.-B. Bouillet. Clermont-Ferrand, 1854, in-4°.

45 Dictionnaire alphabétique des villes, bourgs, villages, hameaux de l'arrondissement de Riom. Riom, 1843, 63 p. p.

46 Atlas universel de géographie ancienne et moderne, par Brué. Paris, 1835, in-folio.

47 Plan de Rome antique aux époques d'Auguste et de Tibère, par J.-A. Leveil et Dézobry.

48 Carte de l'Algérie, dressée au dépôt général de la guerre, sous la direction de M. le lieutenant-général Pelet.

49 Carte de la mer Noire, théâtre de la guerre en Orient, dressée par P. Lapie.

50 Carte de la mer Baltique, par P. Lapie.

51 Carte pour servir à l'histoire d'Auvergne.

52 Cartes des quatre départements du ressort de la Cour de Riom.

53 Atlas géométrique et topographique du département du Puy-de-Dôme, par cantons; par Guillaume Maury. 1844, in-folio.

CHAPITRE II.

VOYAGES.

54 Rome au siècle d'Auguste, ou voyage d'un Gaulois à Rome à l'époque du règne d'Auguste, et pendant une partie du règne de Tibère, précédé d'une description de Rome aux époques d'Auguste et de Tibère, par Ch. Dézobry. Paris, 1846, 4 vol. in-8° avec planches.

55 Voyage de Pallas en Russie et dans l'Asie septentrionale, traduit de l'Allemand par Gaultier de la Peyronie. Paris, 1788, 5 vol. in-4°, et 1 vol. de planches petit in-folio.

56 Voyage en Perse de MM. Flandin, Eugène, peintre, et

Coste, Pascal, architecte, attachés à l'ambassade de France en Perse, pendant les années 1840 et 1841.

57 L'Empire Chinois, faisant suite à l'ouvrage intitulé : Souvenirs d'un voyage dans la Tartarie et le Thibet, par M. Huc, ancien missionnaire apostolique en Chine. Paris, 1854, 2 vol. in-8°.

58 Le Tyrol et le nord de l'Italie, par Mercey. Paris, 1846, 2 vol. in-8°.

59 Voyage aux Eaux des Pyrénées, par H. Taine. Paris, 1855, 1 vol. in-12.

60 Souvenirs d'un voyage dans la Tartarie, le Thibet et la Chine, pendant les années 1844, 1845 et 1846, par M. Huc, prêtre-missionnaire de la Congrégation de Saint-Lazare. Paris, 1853, 2 vol. in-8°.

61 Mœurs et Voyages, ou récits du Monde nouveau, par Philarète Chasles. Paris, 1855, in-12.

62 Voyage autour de la mer Morte et dans les terres Bibliques, exécuté de décembre 1850 à avril 1851, par F. de Saulcy. Paris, 1853, 2 vol. in-8°. — Atlas, 16 livraisons in-8°.

63 Guide pittoresque du Voyageur en France, avec gravures, in-8°.

CHAPITRE III.

HISTOIRE GÉNÉRALE.

64 Discours sur l'histoire universelle. — Voir au t. 35 des œuvres de Bossuet, n° 1304.

65 Essai sur les mœurs et l'esprit des Nations. — V. t. 15 à 18 des œuvres de Voltaire, n° 1319.

66 Histoire universelle, par César Cantu, traduite par Eugène Aroux et Pier-Silvestro Léopardi. Paris, 19 vol. in-8°.

67 Histoire universelle de Jacques-Auguste de Thou, depuis 1543 jusqu'en 1607, traduite sur l'édition latine de Londres. Londres, 1734, 16 vol. in-4°.

68 Histoire ancienne, par Rollin, avec des observations et des éclaircissements historiques, par M. Letronne. Paris, 1846, 10 vol. in-12.

69 Histoire ancienne.—Voir l'atlas de Lesage (Las Cases), n° 41.

70 Etudes sur l'Antiquité, par Philarète Chasles, in-8°.

71 Etudes sur le Moyen-Age, par Philarète Chasles, in-8°.

72 Essai historique sur la puissance temporelle des papes, par Daunou. Paris, 1818, 2 vol. in-8°.

73 Recueil des Historiens des Croisades. — Historiens occidentaux. Paris, 1844, in-folio.

74 Histoire des Croisades, par Michaud, 6ᵉ édition. Paris, 1849, 4 vol. in-8°.

75 Histoire des Croisades. — Voir Assises de Jérusalem, n° 516.

76 Cours d'Études historiques, par C.-F. Daunou. Paris, 1842, 6 vol. in-8°.

77 Cours d'Histoire moderne, ou Histoire de la civilisation française, par Guizot. Paris, 1829-32, 6 vol. in-8°.

78 Histoire moderne.— Voir l'Atlas de Lesage (Las Cases), n° 41.

79 L'Art de vérifier les Dates, par les Bénédictins et Saint-Allais. Paris, 1819, 41 vol. in-8°.

CHAPITRE IV.

Histoire Spéciale

§ Ier.

HISTOIRE GRECQUE.

80 Xénophon. — Histoire Grecque. Panthéon littéraire, t. 22; Paris, 1836.

81 Hérodien. — Histoire Grecque. Panthéon littéraire, t. 22; Paris, 1836.

82 Hérodote. — Histoire Grecque. Panthéon littéraire, t. 23; Paris, 1837.

83 Thucydide. — Histoire du Péloponèse. Panthéon littéraire, t. 21; Paris, 1836.

84 Arrien. — Expédition d'Alexandre. Panthéon littéraire, t. 23; Paris, 1837.

85 La Grèce et les Capodistrias pendant l'occupation française de 1828 à 1834, par le général de division Pellion. Paris, 1855, in-8°.

86 Etudes sur le Péloponèse, par E. Beulé. Paris, 1855, in-8°.

§ II.

HISTOIRE ROMAINE.

87 Zosime.—Histoire Romaine. Panthéon littéraire, t. 22; Paris, 1836.

88 Polybe.—Histoire de la République romaine. Panthéon littéraire, t. 22. Paris; 1836.

89 Histoire Romaine de Niebuhr, traduite de l'Allemand sur la 3e édition, par P.-A. de Golbéry. Paris, 1830, 7 vol. in-8°.

90 Histoire des Révolutions de la République romaine, par Vertot. Paris, 1844, 2 vol. in-12.

91 Gibbon. — Décadence et chûte de l'Empire romain. Panthéon littéraire, t. 26 et 27. Paris, 1836.

92 Considérations sur les causes de la grandeur et de la décadence des Romains. — Voir t. 1 des œuvres de Montesquieu, n° 1313.

93 Histoire de la chûte de l'Empire Romain, et du déclin de la civilisation, de l'an 250 à l'an 1000, par Simonde de Sismondi. Paris, 1835, 2 vol. in-8°.

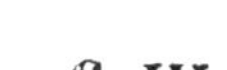

§ III.

HISTOIRE DE FRANCE.

94 Histoire des Gaulois depuis les temps les plus reculés jusqu'à l'entière soumission de la Gaule à l'administration romaine, par Amédée Thierry. Paris, 1835, 3 vol. in-8°.

95 Histoire de la Gaule sous l'administration romaine, par Amédée Thierry. Paris, 1840, 3 vol. in-8°.

96 Précis historique de la Gaule sous la domination romaine, par Théophile Berlier. Paris, 1835, in-8°.

97 Histoire de la Gaule méridionale sous la domination des Germains, par Fauriel. Paris, 1836, 4 vol. in-8°.

98 Recueil des Historiens des Gaules et de la France, par les Bénédictins. Paris, 1738-1833, 19 vol. in-folio.

99 Histoire critique de l'établissement de la Monarchie française dans les Gaules, par l'abbé Dubos. Paris, 1734, 3 vol. in-4°.

100 Etudes sur l'Histoire, les Lois et les Institutions de l'époque Mérovingienne, par J. de Pétigny. Paris, 1843, 2 vol. in-8°.

101 Récits des temps Mérovingiens, par Augustin Thierry. Paris, 1852, in-8°.

102 Invasion des Sarrazins en France et de France en Savoie et dans la Suisse, pendant les 8e, 9e et 10e siècles, par Reinaud. Paris, 1836, in-8°.

103 Lettres et Discours de Gerbert, traduits pour la première fois, classés dans sa biographie et expliqués par l'histoire du Xe siècle, par Louis Barse. Riom, 1847, 2 vol. petit in-8°.

104 Essais historiques sur les Mœurs des Français, ou Traduction abrégée des chroniques et autres ouvrages des auteurs contemporains, depuis Clovis jusqu'à Saint-Louis, par de Sauvigny. Paris, 1785, 5 vol. grand in-8°.

105 Histoire de France au moyen-âge, depuis Philippe-Auguste jusqu'à la fin du règne de Louis XI, par Capefigue. Paris, 1838, 4 vol. in-8°.

106 Etudes sur le 16e siècle en France, par Philarète Chasles. Paris, in-8°.

107 Les Recherches de la France, par Etienne Pasquier, Paris, 1723, in folio.

108 Richer. — Histoire de son temps, avec traduction française, par J. Guadet. Paris, 1845, 2 vol. in-8°.

109 Histoire de Charles VIII, roi de France, par le comte Philippe de Ségur. Paris, 1838, 2 vol. in-8°.

110 Histoire des Races maudites de la France et de l'Espagne, par Francisque Michel. Paris, 1847, 2 vol. in-8°.

111 L'Esprit de la Ligue, ou Histoire politique des Troubles de France pendant les 16e et 17e siècles, par Anquetil. Paris, 1779, 3 vol. in-12.

112 Histoire de la Fronde, par le comte de Sainte-Aulaire, nouvelle édition, précédée de son Discours de réception à l'Académie française. Paris, 1843, 2 vol. in-4°.

113 Collection des meilleurs Dissertations, Notices et Traités particuliers, relatifs à l'Histoire de France, par C. Léber, Salgues et Cohen. Paris, 1826, 20 vol. in-8°.

114 Collection de Documents inédits sur l'Histoire de France. — Voir les Olim, n° 756.

115 Histoire des Révolutions de Paris, par Feuillide. Paris, 1847 (les deux premiers volumes seulement).

116 Fleury. — Œuvres (Histoire). — Panthéon littéraire, t. 35. Paris, 1837.

117 Palma-Cayet. — Chronologie novennaire (Histoire des guerres de Henri IV, de 1589 à 1598-1606 — Panthéon littéraire, t. 15 et 16. Paris, 1836.

118 Lachastre. — Prise de Calais. — Panthéon littéraire, t. 13. Paris, 1837.

119 Angoulême (duc d'). — Mémoires historiques. — Panthéon littéraire, t. 16. Paris, 1836.

120 Agrippa d'Aubigné. — Mémoires historiques. — Panthéon littéraire, t. 14. Paris, 1837.

121 Bellay (Martin et Guillaume du). — Mémoires historiques. — Panthéon littéraire, t. 10. Paris, 1837.

122 Bouillon (duc de).—Mémoires historiques.—Panthéon littéraire, t. 13. Paris, 1837.

123 Bourienne (de). — Mémoires sur Napoléon, le Directoire, le Consulat, l'Empire et la Restauration. Paris, 1829, 10 vol. in-8°.

124 Boyvin du Villars.—Mémoires historiques.—Panthéon littéraire, t. 12. Paris, 1836.

125 Buonaparte, Jacques.—Mémoires sur le Sac de Rome en 1527.—Panthéon littéraire, t 10. Paris, 1837.

126 Castelneau (de). — Mémoires historiques. — Panthéon littéraire, t. 13. Paris, 1837.

127 Cheverny (de). — Mémoires historiques de 1528 à 1599. — Panthéon littéraire, t. 17. Paris, 1837.

128 Choisnin. — Mémoires historiques. — Panthéon littéraire, t. 13. Paris, 1837.

129 Cœur.—Mémoires et Actes du procès de Jacques Cœur. — Panthéon littéraire, t. 9. Paris, 1838.

130 Collection des Mémoires relatifs à l'Histoire de France jusqu'au 13e siècle, par Guizot. Paris, 1823-26, 29 vol. in-8°.

Cette collection ne présente pas de table générale; elle comprend les ouvrages suivants :

Abbon. — Siége de Paris par les Normands, — t. 6.
Adalbéron. — Poème, — t. 6.
Albert d'Aix. — Histoire des Croisades, — t. 20.
Albigeois (Histoire de la guerre des), — t. 15.

Anonyme, dit l'Astronome. — Vie de Louis le Débonnaire, — t. 3.
Bernard (saint) (vie de), — t. 10.
Eginhard. — Vie de Charlemagne, — t. 3.
Ernold le Noir. — Faits et Gestes de Louis le Débonnaire, — t. 4.
Fleury (Hugues de). — Chroniques, — t. 7.
Foucher de Chartres. — Histoire des Croisades, — t. 24.
Frédégaire. — Chroniques, — t. 2.
Frodoard. — Chroniques, — t. 6.
Galbert. — Vie de Charles le Bon, — t. 8.
Gestes glorieux des Français, — t. 15.
Glaber (Raoul). — Chroniques, — t. 6.
Grégoire de Tours. — Histoire de France, — t. 1.
Guibert de Nogent. — Sa vie. — Histoire des Croisades, — t. 9.
Guillaume. — Vie de Suger, — t. 8.
Guillaume le Breton. — La Philippide, — t. 12.
Guillaume de Nangis. — Chroniques, — t. 13.
Guillaume de Puy-Laurens. — Chroniques, — t. 15.
Guillaume de Tyr et Bernard le Trésorier. — Histoire des Croisades, — t. 16, 17, 18 et 19.
Guillaume de Poitiers. — Histoire de Guillaume le Conquérant, — t. 29.
Helgrand. — Vie du roi Robert, — t. 6.
Hugues de Poitiers. — Histoire du Monastère de Vézelay, — t. 17.
Jumièges (Guillaume de). — Histoire des Normands, — t. 29.
Laon (formation de la commune de), — t. 10.
Louis VIII (vie de), — t. 11.
Louis le Jeune (vie de), — t. 8.
Metz (annales de), — t. 4.
Moine de Saint-Gall. — Des Faits et Gestes de Charles le Grand, — t 3.
Nicolas de Bray. — Faits et Gestes de Louis VIII. — Poème, — t. 11.
Nittard. — Discussions des Fils de Louis le Débonnaire, — t. 3.
Odon. — Vie de Bouchard, comte de Melun, — t. 7.
Odon de Deuil. — Histoire de la Croisade de Louis VII, — t. 24.
Orderic Vital. — Histoire de Normandie, — t. 25, 26, 27 et 28.
Philippe Ier (sacre de), — t. 7
Pierre de Vaulx-Cernay. — Histoire de l'Hérésie des Albigeois, — t. 14.
Raimond d'Agiles. — Histoire de la première Croisade, — t. 21.
Raoul de Caen. — Histoire de Tancrède, — t. 23.
Rheims (histoire de l'église de), — t. 5.
Rigord et Guillaume le Breton. — Vie de Philippe-Auguste, — t. 11.
Robert le Moine. — Histoire de la première Croisade, — t. 23.
Saint-Bertin (annales de), — t. 4.
Suger. — Vie de Louis le Gros, — t. 8.
Thégan. — De la Vie et des Actions de Louis le Débonnaire, — t. 3.
Vitry (Jacques de). — Histoire des Croisades, — t. 22.

131 Collection des Mémoires relatifs à l'Histoire de France jusqu'au 17e siècle, par Petitot. Paris, 1824-26, 53 vol. in-8°.

132 Collection des Mémoires relatifs à l'Histoire de France, du 17e siècle à 1763, par Petitot et Montmerqué. Paris, 1820-29, 78 vol. in-8°.

(Les Tables des Mémoires contenus dans ces collections, nos 131 et 132, publiées par Petitot et Montmerqué, se trouvent dans les tomes 52, 1re série, et 131, 2e série).

133 Commines (Philippe de). — Mémoires sur les règnes de Louis XI et de Charles VIII. Panthéon littéraire, t. 8. Paris, 1837.

134 Constantinople. — Pièces relatives à la Prise de Constantinople en 1453. Panthéon littéraire, t. 9. Paris, 1838.

135 Duclerq. — Mémoires historiques de 1448 à 1467. Panthéon littéraire, t. 9. Paris, 1838.

136 Fénin — Mémoires historiques. Panthéon littéraire, t. 6. Paris, 1838.

137 Gamon. — Mémoires historiques. Panthéon littéraire, t. 13. Paris, 1837.

138 Hurault (Philippe). — Mémoires historiques de 1599 à 1601. Panthéon littéraire, t. 41. Paris, 1838.

139 Louis XIV. — Mémoires historiques. — V. œuvres de Louis XIV, n° 1052.

140 Louise de Savoie.—Mémoires historiques. — Journal. — Panthéon littéraire, t. 10. Paris, 1837.

141 Marck (Robert de la). — Mémoires du Jeune Aventureux (de 1500 à 1520). Panthéon littéraire, t. 10. Paris, 1837.

142 Marguerite de Valois. — Mémoires historiques. Panthéon littéraire, t. 13. Paris, 1837.

143 Marilhac (Michel de). — Mémoires historiques. Panthéon littéraire, t. 16. Paris, 1836.

144 Marilhac (Guillaume de). — Mémoires historiques, continués par De Laval. Panthéon littéraire, t. 10. Paris, 1837.

145 Marmont (maréchal duc de Raguse). — Mémoires historiques de 1792 à 1841, imprimés sur le manuscrit original de l'auteur; 2e édition. Paris, 1857, 6 vol. in-8°.

146 Mergey (de). — Mémoires historiques. — Panthéon littéraire, t. 13. Paris, 1837.

147 Merle. — Mémoires historiques.— Panthéon littéraire, t. 13. Paris, 1837.

148 Mignet. — Mémoires et Notices historiques. Paris, 1843, 2 vol. in-8°.

149 Montluc (Blaise de). — Commentaires (Mémoires historiques).—Panthéon littéraire, t. 11. Paris, 1836.

150 Nevers (duc de). — Mémoires historiques publiés par Le Roy de Gomberville. Paris, 1665, 2 vol. in-folio.

151 Noue (de la). — Mémoires historiques. — Panthéon littéraire, t. 13. Paris, 1837.

152 Oliviers de la Marche. — Mémoires historiques. — Panthéon littéraire, t. 8. Paris, 1837.

153 Pape J. — Mémoires historiques de 1572 à 1587. — Panthéon littéraire, t. 17. Paris, 1838.

154 Philippi J. — Mémoires historiques. — Panthéon littéraire, t. 13. Paris, 1837.

155 Rabutin (François de). — Mémoires historiques. — Panthéon littéraire, t. 14. Paris, 1836.

156 Rochechouart (Guillaume de). — Mémoires historiques. — Panthéon littéraire, t. 13. Paris, 1837.

157 Sainte-Hélène (île de). — Mémorial de Sainte-Hélène, par le comte de Las Cases. Paris, 1824, 6 vol. in-12.

158 Saint-Simon (duc de). — Mémoires complets et authentiques sur le siècle de Louis XIV et la Régence. Paris, 1829-30, 21 vol. in-8°.

159 Salignac (de). — Mémoires historiques. — Panthéon littéraire, t. 13. Paris, 1837.

160 Saulx de Tavannes (Gaspard).—Mémoires historiques. — Panthéon littéraire, t. 12. Paris. 1836.

161 Saulx de Tavannes (Guillaume). — Mémoires historiques. — Panthéon littéraire, t. 13. Paris, 1837.

162 Tallemant des Réaux. — Mémoires pour servir à l'histoire du XVIIe siècle. Paris, 1835, 6 vol. in-8°.

163 Thou (de). — Mémoires historiques. — Panthéon littéraire, t. 13. Paris, 1837.

164 Vielleville. — Mémoires historiques. — Panthéon littéraire, t. 11. Paris, 1836.

165 Villeneuve (Guillaume de). — Mémoires sur l'Expédition de Naples. — Panthéon littéraire, t. 8. Paris, 1837.

166 Villeroy. — Mémoires historiques. — Panthéon littéraire, t. 16. Paris, 1836.

166 *bis*. Mémoires de Daniel de Cosnac, archevêque d'Aix, publiés pour la Société de l'Histoire de France, par le comte Jules de Cosnac. Paris, 1852, 2 vol. in-8°.

167 Diplômes et Chartes de l'époque Mérovingienne, par Letronne (cet ouvrage est en cours de publication par livraisons).

168 Grandes Chroniques de Saint-Denis, publiées par Paulin-Paris. — Paris, 1837, 6 vol. in-8°.

169 Table chronologique des Diplômes, Chartes, Titres et Actes imprimés, concernant l'Histoire de France, par de Bréquigny, continuée par Pardessus (nous n'avons que le 5e vol.)

170 Collection des Chroniques Nationales Françaises, du 13e au 16e siècle, par Buchon. Paris, 1826-28, 47 vol. in-8°.

Cette collection, qui n'a pas de table générale, comprend les ouvrages suivants :

Chastellain, G. — Chronique des Ducs de Bourgogne, — t. 41 à 43 (le t. 43, p. 245, contient un poème sur la Bataille de Liége).
Chronique de la Conquête de Constantinople, écrite en vers, — t. 4.
Chronique et Procès de la Pucelle d'Orléans, — t. 34.
Ducange. — Histoire de l'Empire de Constantinople sous les Empereurs français, — t. 1 et 2.
Enguerrand de Monstrelet. — Chroniques, — t. 26 à 33.
Froissard (Jean). — Chroniques, — t. 10 à 24. — Poésies, t. 25.
Gilles (Pierre). — Description du Bosphore et de la ville de Constantinople. Traduction d'Hauterive, — t. 3.
Godefroy de Paris. — Chronique métrique de Philippe-le-Bel, — t 9.
Guillaume Guiart. — Branches des royaux lignages. — Chronique métrique, — t. 7 et 8.
Henri de Valenciennes. — Mémoires sur Constantinople, — t. 3.
Histoire de la Conspiration de Jean de Prochyta (Procida). — Voir Ramon Muntaner.
Jacques Duclercq. — Mémoires — sur la prise de Constantinople par Mahomet II, — sur Jacques Cœur, — t. 37 à 40.
Journal d'un Bourgeois de Paris, — t. 40, p. 151.
Mathieu de Coussy. — Chroniques, — t. 35 et 36.
Molinet (Jean). — Chroniques, — t. 44 à 48.
Mouskes (Philippe). — Chronique métrique de la Conquête de Constantinople par les Francs, — t. 3.
Nicetas Choniates. — Discours sur les Monuments détruits ou mutilés par les Croisés en 1204, — t. 3.
Poème d'Adam de la Halle. — Voir Guillaume Guiart.
Ramon Muntaner. — Chroniques, — t. 5 et 6.
Saint Magloire. — Chronique métrique. — Voir Guillaume Guiart.
Salomon. — Chroniques, — t. 24.
Villehardoin. — Chronique de la Conquête de Constantinople par les Francs, — t. 3.

171 Lettres et Pièces rares ou inédites, publiées par Matter avec introduction et notes. Paris, 1846, in-8°.

172 Archives curieuses de l'histoire de France, depuis Louis XI jusqu'à Louis XVIII, par Cimber et Danjou. Paris, 1834, 27 vol. in-8°.

173 Journal d'un Bourgeois de Paris sous le règne de François Ier (1515—1536), par Ludovic Lalanne. Paris, 1854, in-8°.

174 Journal d'un Bourgeois de Paris.—Panthéon littéraire, t. 6. Paris, 1838.

175 Anonyme Grec. — Chronique de la Principauté française d'Achaïe. — Panthéon littéraire, t. 1. Paris, 1840.

176 Anonyme Sicilien. — Conspiration de Prochyta (Procida).—Panthéon littéraire, t. 1. Paris, 1840.

177 Anonyme de la Pucelle. — Chronique. — Panthéon littéraire, t 6. Paris, 1838.

178 Journal Historique et Anecdotique du règne de Louis XV, par J.-F. Barbier, publié par A. de Lavillegille. Paris, 1847, 3 vol. in-8°.

179 Tableau général numérique, par fonds, des Archives départementales antérieures à 1790, publié par la Commission des Archives départementales et communales. Paris, 1848.

180 Catalogue général des Cartulaires des Archives départementales, publié par la Commission des Archives départementales et communales. Paris, 1847, in-4°.

181 Bernat d'Esclot. — Chronique (en espagnol). — Panthéon littéraire, t. 1. Paris, 1840.

182 J. Bouchet.—Chronique de la Trémouille. — Panthéon littéraire, t. 8. Paris, 1837.

183 Chastelain (Georges). — Chroniques. — Panthéon littéraire, t. 7. Paris, 1837.

184 Colligny (G. de). — Chroniques et Mémoires. — Panthéon littéraire, t. 13. Paris, 1837.

185 Coussy (Mathieu de). — Chronique de 1444 à 1461. — Panthéon littéraire, t. 6. Paris, 1838.

186 Enguerrand de Monstrelet. — Chroniques. — Panthéon littéraire, t. 5. Paris, 1838.

187 Froissard. — Chroniques. — Panthéon littéraire, t. 2, 3 et 14. Paris, 1836.

188 Gruel. — Chroniques. — Panthéon littéraire, t. 6. Paris, 1838.

189 Jean de Troyes. — Chroniques de Louis XI, de 1461 à 1483. — Panthéon littéraire, t. 6. Paris, 1838.

190 Lefebvre Saint-Rémy. — Chroniques de 1407 à 1435. Panthéon littéraire, t. 9. Paris, 1838.

191 Le Loyal Serviteur. — Chronique de Bayart. — Panthéon littéraire, t. 10. Paris, 1837.

192 Satyre Ménippée. — Panthéon littéraire, t. 17. Paris, 1838.

(Cette Satyre se divise en deux parties : La première, intitulée *Catholicon d'Espagne*, fut écrite par Leroy, et elle flétrit tous ceux qui se laissaient corrompre par l'or de Philippe II; elle parut en 1593. La deuxième, qui fut publiée l'année suivante, fut l'ouvrage du Conseiller au Parlement Gillot, du savant P. Pithou et des deux poètes Rapin et Passerat ; elle est intitulée : *Abrégé des États de la Ligue ;* c'est une critique ingénieuse de ce qui se passa aux États Généraux de 1593).

193 Texte de la Prophétie d'Orval, d'après six copies datant de 1792—1794. Bordeaux, 1850, 36 p. p. in-24.

(Cette Prophétie se rapporte à la fin du règne de Louis-Philippe).

194 Macquereau (Robert). — Chronique de la Maison de Bourgogne.—Panthéon littéraire, t. 17. Paris, 1838.

195 Ramon Muntaner.—Chroniques.—Panthéon littéraire, t. 1. Paris, 1840.

196 Histoire des principaux événements du Règne de Louis XIV, par le duc de Noailles.—Voir n° 302.

197 Siècle de Louis XIV.—Voir t. 19 et 20 des œuvres de Voltaire, n° 1319.

198 Mémoires et Correspondances de Mallet du Pan, pour servir à l'histoire de la Révolution française, recueillis et mis en ordre par Sayous. Paris, 1851, 2 vol. in-8°.

199 Collection des Mémoires relatifs à la Révolution française, 77 vol. in-8°.

Cette collection n'a pas de table générale; elle comprend les Mémoires des personnes dont les noms suivent :

Argens (d'), — 1 vol.
Argenson (marquis d'), — 1 vol.
Bailly, — 3 vol.
Barbaroux, — 1 vol.
Beaumarchais. — Voir au mot *Prisons*.
Berthier (campagne d'Egypte), 2 vol.
Bezenval (de), — 2 vol.
Bonchamp (de), — 1 vol.
Bouillé (de), — 2 vol.
Buzot, — 1 vol.
Campan (Madame), — 3 vol.
Carnot, — 1 vol.
Choiseul (de), — 1 vol.
Cléry, — 1 vol.
Condorcet, — 2 vol.
Convention (débats de la), — 5 vol.
Desmoulins (Camille), — 1 vol.
Dopet (général), — 1 vol.

Durand de Maillane, — 1 vol.
Dusaulx (à la suite des Mémoires de Linguet).
Dumouriez, — 4 vol.
Edgeworth de Firmont (à la suite des Mémoires de Cléry).
Enghien (duc d'). — Mémoires sur sa catastrophe, — 1 vol.
Fain, — 1 vol.
Ferrières (de), — 3 vol.
Freron, — 1 vol.
Gohier, — 2 vol.
Goguelat, — 1 vol.
Grille, — 2 vol.
Guillon de Montléon, — 3 vol.
Hausset (Madame du), — 1 vol.
Journées de Septembre 1792, — 1 vol.
Larochejaquelein, — 1 vol.
Linguet (sur la Bastille), — 1 vol.
Lombard de Langres, — 2 vol.
Louvet de Couvray, — 1 vol.
Meda (à la suite des Mémoires de C. Desmoulins).
Meillan, — 1 vol.
Montpensier (duc de), — 1 vol.
Paris de l'Epinard. — Voir Prisons.
Payan. — Voir Robespierre.
Prisons (Mémoires sur les), — 2 vol.
Riouffe. — Voir Prisons.
Rivarol, — 1 vol.
Robespierre (Papiers trouvés chez Robespierre, St-Just, Payan, etc.), — 3 vol.
Rolland (Madame), — 2 vol.
Saint-Just. — Voir Robespierre.
Sénart, — 1 vol.
Thibaudeau (sur la Convention et le Directoire), — 2 vol.
Turreau (général), — 1 vol.
Vendée (Mémoires sur la), — 1 vol.
Vendéens (guerre des), — 6 vol.
Vilate (à la suite des Mémoires de C. Desmoulins).
Weber (Mémoires sur Marie-Antoinette), — 2 vol.

200 Histoire de la Révolution Française, par Mignet. Paris, 1833, 2 vol. in-8°.

201 Histoire de la Révolution Française, par Thiers. Paris, 1834, 10 vol. in-8°. Gravures.

202 Histoire de la Convention Nationale, par de Barante. Paris, 1851-53, 6 vol. in-8°.

203 L'Ancien Régime et la Révolution, par Alexis de Toqueville. Paris, 1856, in-8°.

204 Le Consulat et l'Empire, ou Histoire de la France et de Napoléon Bonaparte, de 1799 à 1815, par Thibaudeau. Paris, 1834-35, 10 vol. in-8°.

205 Histoire du Consulat et de l'Empire, par Thiers. Paris, 1845, 15 vol. in-8°. Gravures, plans et cartes.

206 Relation de la Mission du lieutenant-général comte Beker, auprès de l'Empereur Napoléon, depuis la seconde abdication jusqu'au passage à bord du *Bellerophon*, par Martha-Beker. Clermont-Ferrand, 1842, 140 p. p.

207 Histoire de la Restauration et des causes qui ont amené la chute de la branche aînée des Bourbons, par Capefigue. Paris, 1831-33, 10 vol. in-8°.

208 Recueil des Adhésions adressées au Prince Président, à l'occasion de l'Acte du 2 Décembre. Paris, 1852, 6 vol. in-4°.

209 Dictionnaire Historique des Institutions, Mœurs et Coutumes de la France, par A. Chéruel. Paris, 1855. 1re et 2e parties, in-12.

210 Observations sur l'Histoire de France, par Mably; nouvelle édition revue par Guizot. Paris, 1823, 4 vol. in-8°, y compris le volume intitulé : Guizot, Essais sur l'Histoire de France.

211 Abrégé chronologique de l'Histoire de France, par Hénault, continuée par Walcknaër. Paris, 1821-26, 6 vol. in-8°.

212 Abrégé chronologique de l'Histoire de France, par Hénault, continuée par Michaud. Paris, 1840, in-4°.

213 Etudes d'histoire moderne, par Villemain. Paris, 1854, in-8°.

214 Etudes sur les hommes et les mœurs au 19e siècle, par Philarète Chasles, in-8°.

215 De la Démocratie en France, par Guizot. Paris, 1849, in-8°.

216 Essai sur l'histoire de la formation et des progrès du Tiers-État, par Augustin Thierry. Paris, 1853, in-8°.

217 Recueil de monuments inédits de l'histoire du Tiers-État, par Augustin Thierry. Paris, 1853, 3 vol. in-4°.

218 Dix ans d'études, par Augustin Thierry. Paris, 1842, in-8°.

219 Lettres sur l'histoire de France, par Augustin Thierry. Paris, 1834, in-8°.

220 Histoire des Français des divers États, ou histoire de France aux cinq derniers siècles, par Monteil. Paris, 1846, 5 vol. in-8°.

221 Histoire de France, depuis Pharamond jusqu'à maintenant (1598), avec un abrégé de la Vie de chaque reine, par F.-E. de Mézeray. Paris, 1643-51, 3 vol. in-folio. Figures.

222 Histoire des Français, par J.-C. Simonde de Sismondi, Paris, 1825-44, 31 vol. in-8°.

223 Le Moniteur universel. — Collection. — Incomplet de 1831 à 1833 inclusivement. Le surplus est complet.

224 Le Moniteur universel. — Réimpression de l'ancien Moniteur, depuis la réunion des États Généraux jusqu'au Consulat (mai 1789-1799). Paris, 1843, 32 vol. grand in-8°.

225 Tableau de la situation des établissements français dans l'Algérie en 1842. Paris, 1844, in-folio.

226 L'Auvergne au Moyen-Age, par Branche. Clermont-Ferrand, 1842, in-8°, avec gravures in-4°.

227 L'ancienne Auvergne et le Vélay. — Histoire, archéologie, mœurs, topographie, par Adolphe Michel, H. Doniol, H. Durif, F. Mandet et une société d'artistes. Moulins, 1843-47, 5 vol. in-folio dont un de planches.

228 Tablettes historiques de l'Auvergne, comprenant les départements du Puy-de-Dôme, du Cantal, de la Haute-Loire et de l'Allier, par J.-B. Bouillet. Clermont-Ferrand, 1840.

(Cet ouvrage a paru par livraisons in-8°).

229 Description historique et scientifique de la Haute-Auvergne, par J.-B. Bouillet. Paris, 1834, 2 vol. in-8° avec planches.

230 Histoire des guerres religieuses en Auvergne pendant les 16e et 17e siècles, par André Imberdis. 3e édition. Riom, 1848, in-8° (1re, 2e et 3e éditions).

231 Précis des guerres religieuses d'Auvergne. — Esquisse biographique du chancelier de L'Hospital, par Chasteau du Breuil. Clermont-Ferrand, 1840, in-8°.

232 Mémoires de Fléchier sur les Grands-Jours tenus à Clermont en 1665-1666, publiés par B. Gonod. Paris, 1844, petit in-4°.

233 Examen critique des Mémoires attribués à Fléchier sur les Grands-Jours tenus à Clermont-Ferrand en 1665 et 1666 et publiés par B. Gonod, par le comte de Résie. Clermont-Ferrand, 1845, in-8°.

234 Réponse à l'Examen critique des Mémoires de Fléchier par le comte de Résie, par Gonod. Paris, 1845, 48 p. p.

235 Royat, ses eaux et ses environs. Clermont, 72 p. p.

236 Histoire du Vélay jusqu'à la fin du règne de Louis XV, par J.-A.-M. Arnaud. Au Puy, 1816, 2 vol. in-8°.

237 Histoire des guerres civiles, politiques et religieuses dans les montagnes du Vélay pendant le 16e siècle, par Mandet. Paris, 1840, in-8°.

238 Histoire du Nivernais. — Voir t. 1, p. 337 des œuvres de Coquille, n° 538.

239 Histoire du Berry, depuis les temps les plus anciens jusqu'en 1789, par Louis Raynal. Bourges, 1844, 4 vol. in-8°.

240 Histoire du Bourbonnais et des Bourbons qui l'ont possédé, par Coiffier de Demoret. Moulins, 1814, 2 vol. in-8°.

241 L'Ancien Bourbonnais.—Histoire, monuments, mœurs, statistique, par Achille Allier, continué par A. Michel et L. Batissier, gravé et lithographié sous la direction d'A. Chenavard, d'après les dessins et documents de Dufour. Moulins, 1833-38, 3 vol. in-folio dont un de planches.

242 Angers et l'Anjou sous le régime municipal, depuis leur réunion à la couronne jusqu'à la révolution, par Blordier-Langlais. Angers, 1843, grand in-8°.

243 De l'ancien Poitou et de sa capitale, pour servir d'introduction à l'histoire de cette province, par J.-M. Dufour. Poitiers, 1826, in-8°.

244 Histoire des rois et des ducs d'Aquitaine et des comtes de Poitou, contenant l'histoire de l'Aquitaine en général et du Poitou en particulier, depuis la reconstitution de l'Aquitaine en royaume par Charlemagne, en 778, jusqu'à l'avènement d'Aliénor de Poitou au trône ducal d'Aquitaine, en 1137, par A.-D. de la Fontenelle de Vaudoré et J.-P.-M. Dufour. Paris, 1842.

245 Histoire des ducs de Bourgogne (1364-1477), par de

Barante. Paris, 1839, 12 vol. in-8°, avec vignettes, cartes et portraits.

246 Histoire du Forez, par Aug. Bernard jeune. Montbrison, 1835, 2 vol. in-8°.

247 Histoire de la ville et des comtes de Boulogne. —Voir Leroy de Lozembrune, n° 555.

248 Considérations sur les Dombes, à propos du Mémorial de Dombes de M. Dassier de Valenches, par Valentin Smith. Lyon, 1856, 60 p. p. in-8°.

249 Notes en réponse à celles publiées par Mérimée sur Polignac, ses antiquités et le musée du Puy, par Bec de Lièvre. Le Puy, 1839, 56 pages.

250 Notice sur le château d'Allègre et son système de fortifications, par Félix Grellet. Le Puy, 31 p. p. in-4°.

251 Notice du château de Villeneuve, par Gonod. Clermont-Ferrand, 1839, 28 p. p. in-8°.

252 Recherches sur Randan, ancien duché-pairie, par le vicomte de Bastard. Riom, 1830, in-8°.

253 Le Château d'Eu illustré depuis son origine jusqu'au voyage de Sa Majesté Victoria, reine d'Angleterre, par Skelton, avec un texte rédigé par Vatout. Paris, 1844.

254 Histoire généalogique et chronologique de la Maison royale de France, des pairs, grands-officiers de la couronne et de la Maison du Roi, et des anciens barons du royaume, par le P. Anselme; 3e édition augmentée par le P. Ange et le P. Simplicien. Paris, 1726, 9 vol. in-folio.

255 Histoire généalogique de la Maison d'Auvergne, par Baluze. Paris, 1708, 2 vol. in-folio.

256 Histoire généalogique de la Maison d'Auvergne, par C. Justel. Paris, 1645, in-folio.

257 Nobiliaire d'Auvergne, par Bouillet. Paris, 1846, 7 vol. in-8°.

258 Traité des Pairs de France. — V. t. 1, p. 337 des œuvres de Coquille, n° 538.

259 Annales du Parlement Français. — Des fonctionnaires publics députés, et des incompatibilités. Paris, 1843, 72 p. p. in-8°.

260 Recueil général des titres concernant les fonctions, rangs, dignités, séances et priviléges des charges des Présidents Trésoriers de France, Généraux des Finances et Grands Voyers des Généralités du Royaume, tirés des ordonnances royaux, édits, déclarations, règlements et arrêts des conseils du Roi et des registres des Cours et Compagnies souveraines, par Fournival Simon. Paris, 1655, in-folio.

261 Mémoires sur les priviléges et fonctions des Trésoriers généraux de France, avec une table générale et chronologique des Ordonnances, Édits, Déclarations du Roi et Arrêts du Conseil concernant leurs priviléges et fonctions, par Patas de Bourgneuf. Orléans, 1745, in-4°.

262 Traité historique de l'état des Trésoriers de France et Généraux des Finances, avec les preuves de la supériorité de ces offices; le tout enrichi de notes, par Gironcourt (de). Nancy, 1776, in-4°.

263 Code des préséances et des honneurs civils, militaires, maritimes, ecclésiastiques et funèbres, suivi de la description des costumes de cérémonie, des uniformes et des marques distinctives et honorifiques, par G. Toussaint. Paris, 1845, in-8°.

264 Ordre de la marche et des cérémonies observées au sacre et couronnement de Louis XVI. Riom, 1775, 54 p. p. in-12.

§ IV.

HISTOIRE DE PAYS DIVERS.

---

265 Flavius Josephe. — Histoire ancienne des Juifs. — Panthéon littéraire, t. 24. Paris, 1837.

266 Les Juifs d'Occident, ou Recherches sur l'état civil, le commerce et la littérature des Juifs en France, en Espagne et en Italie, pendant la durée du moyen-âge, par Arthur Beugnot. Paris, 1824, in-8°.

267 Ctesias. — Histoire de Perse. — Panthéon littéraire, t. 23. Paris, 1837.

268 Histoire de Russie sous Pierre-le-Grand. — Voir t. 25 des œuvres de Voltaire, n° 1319.

269 Histoire de Charles XII. — Voir t. 24 des œuvres de Voltaire, n° 1319.

270 Histoire de Charles-Quint, par Robertson.—Panthéon littéraire, t. 28. Paris, 1837.

271 Relation historique des affaires de Syrie, depuis 1840-1842. — Statistique générale du Mont-Liban, et procédure complète dirigée en 1840 contre les Juifs de Damas à la suite de la disparution du Père Thomas, par Achille Laurent. Paris, 1846, 2 vol. in-8°.

272 Histoire d'Angleterre depuis la première invasion des Romains, par le docteur John Lingard, traduite par le baron de Roujoux. Paris, 1833-36, 17 vol. in-8°; plus 7 autres vol. faisant suite, par de Marlès. Paris, 1838.

273 Histoire de la conquête de l'Angleterre par les Normands, par Augustin Thierry. Paris, 1838, 4 vol. in-8°, avec gravures et atlas contenant 14 planches dont les 5, 6, 7, 8 et 9e sont la description de la Tapisserie de Bayeux, par Lancelot.

274 Histoire de la révolution d'Angleterre, par Guizot. Paris, 1827, 2 vol. in-8°.

275 Etudes sur la révolution d'Angleterre. — Olivier Cromwell, par Philarète Chasles, in-8°.

276 Le dix-huitième siècle en Angleterre, par Philarète Chasles, 2 vol. in-8°.

277 Histoire des Républiques italiennes du moyen-âge, par J.-C.-L. Simonde de Sismondi Paris, 1840, 10 vol. in-8°.

278 Guicciardin. — Guerre d'Italie. — Histoire d'Italie. — Panthéon littéraire, t. 25. Paris, 1836.

279 Etudes sur l'Allemagne ancienne et moderne, par Philarète Chasles. Paris, 1854, 2 vol. in-8°.

280 Scènes des camps et des bivouacs hongrois pendant la campagne de 1848-1849, par Philarète Chasles, in-8°.

281 Istoria di Corsica Dell'arcidiacono Anton. Pietro Filippini, 2e édit., revista, correcta e illustrata con inediti documenti d'allavocato G. Gregori. Pisa, 1832, 5 vol. in-4° avec portrait.

282 Histoire d'Ecosse, par Robertson. — Panthéon littéraire, t. 29. Paris, 1837.

283 Histoire d'Amérique, par Robertson. — Panthéon littéraire, t. 29. Paris, 1837.

§ V.

BIOGRAPHIE.

284 Le grand Dictionnaire historique, ou Mélange curieux de l'Histoire sacrée et profane, par Louis Moréri, prêtre. Paris, 1759, 10 vol. in-folio.

285 Les Vies des hommes illustres, par Plutarque, traduites en français par Ricard. Paris, 1844, 2 vol. in-4°.

286 Biographie universelle ancienne et moderne. Paris, 1811-28, 52 vol. in-8°, et supplément, 30 vol. in-8°.

287 Œuvres complètes du seigneur de Brantôme, accompagnées de remarques historiques et critiques Paris, 1831, 8 vol. in-8°.

288 Brantôme. — Ses œuvres. — Panthéon littéraire, t. 19 et 20. Paris, 1838.

289 Etudes sur Pierre Lizet, par Delarfeul. Riom, 1856, in-8°.

290 Biographie, ou Dictionnaire historique des personnages d'Auvergne illustres ou fameux par leurs écrits, leurs exploits, leurs vertus, leurs erreurs, leurs crimes ou leur rang, par P.-G. Aigueperse. Clermont-Ferrand, 1836, in-8°, avec portraits.

291 Examen historique et critique du premier volume de la Biographie des grands hommes d'Auvergne de M. Aigueperse, par Pero-Perez. Riom, 1835.

292 Profils critiques et biographiques des neuf cents Représentants du peuple, par un vétéran de la Presse (Lourdoueix). Paris, 1848, in-18.

293 Biographie des sept cent cinquante représentants à l'Assemblée législative. Paris, 1849, in-18.

294 Éloge des douze magistrats et jurisconsultes composant la galerie de la Cour de cassation au Palais de Justice. — Discours prononcés par M. Dupin, procureur général à la Cour de cassation. Paris, 1836, in-4°, avec portraits.

295 Histoire de Bossuet, évêque de Meaux, par le cardinal de Bausset. Versailles, 1819, 4 vol. in-8°.

296 Histoire de Marie Stuart, par Mignet. Paris, 1852, 2 vol. in-8°.

297 Histoire de Bacon, par de Vauzelles. Paris, 1824, in-8°.

298 Vie du connétable de Bourbon, par Marillac (Guillaume de).—Panthéon littéraire, t. 10. Paris, 1837.

299 Essai sur la vie de Michel de L'Hospital, par Salveton. Riom, 1835, in-8°.

300 Esquisse biographique du chancelier de L'Hospital, par Chasteau du Breuil. — Voir n° 231.

301 Etudes historiques et littéraires sur J. Savaron, par H. Conchon. Clermont, 1846, 118 p. p. in-8°.

302 Histoire de Madame de Maintenon et des principaux événements du règne de Louis XIV, par le duc de Noailles. Paris, 1849, 2 vol. in-8°.

303 Eloge de Jean Domat, par Mandet des Lamy. Riom, 1835, in-8°, portrait de Domat.

304 Essai sur Domat, par Allemand. Clermont-Ferrand, 1836, in-8°.

305 Domat et son temps, par Pommier-Lacombe. Riom, 1854, 56 p. p. in-8°.

306 Eloge historique de Marmontel, par Chasteau du Breuil. Riom, 1839, 14 p. p. in-8°.

307 La vie de Jean Soanen, évêque de Senez. Cologne, 1701, in-12.

308 Portraits contemporains, par Philarète Chasles, in-8°.

309 Études historiques sur le général Désaix, par F. Martha-Beker, comte de Mons. Clermont-Ferrand, 1852, in-8°.

310 Éloge historique de Bergier, ancien jurisconsulte, par Chasteau du Breuil (manuscrit).

311 Notice biographique sur Pagès, par Félix Grellet. Moulins, 1842, 15 p. p.

312 Notice sur la vie et les travaux du baron Grenier, premier président de la Cour royale de Riom, par Bayle-Mouillard. Clermont, 1841.

313 Éloge de Joseph-Marie de Gerando, par Bayle-Mouillard. Paris, 1846, 96 p. p. in-8°.

314 Notice nécrologique sur le lieutenant-général baron Simmer. Clermont, 1847.

315 Notice biographique sur Allemand, par F. Grellet. Clermont, 1855.

316 Obsèques d'Allemand. Riom, 1851, 28 p. p. in-12.

317 Notice nécrologique sur le baron Pougeard du Limbert, par Bardy 1837.

318 Biographie du cardinal P. Giraud, archevêque de Cambrai, par F. Delarfeul. Riom, 1851.

319 Éloge biographique de J.-B. Tailhand, président de chambre à la Cour d'appel de Riom, par H. Conchon. Clermont-Ferrand, 1850.

320 Obsèques et notice biographique de de Vissac, ancien bâtonnier de l'Ordre des avocats, par J.-J. Chirol. Riom, 1850, 20 p. p. in-8°.

321 Notice sur Jean-Charles Bayle, ancien bâtonnier des avocats à Riom, par J.-J. Chirol Riom, 1846.

322 Biographie du cardinal Bernet, archevêque d'Aix, par F. Delarfeul. Riom, 1851.

323 Biographie du général Cavaignac. Paris, 1848, 35 p. p. in-24.

324 Ma vie judiciaire, par Édouard Servan de Sugny. Lyon, 1847.

325 Éloge biographique de Chasteau du Breuil, par Conchon. Clermont-Ferrand, 1851.

326 Biographie de B. Gonod, par F. Delarfeul. Riom, 1852, 16 p. p.

327 Éloge biographique de Degeorge, par H. Conchon. Clermont, 1855.

328 Éloge biographique de Vaissière, par Conchon. Clermont, 1856.

329 Notice nécrologique sur Charles Crozatier, par Francisque Mandet. Paris, 1855.

330 Funérailles de Jean Deval, docteur en médecine à Riom. Discours prononcé par J.-J.-Hip. Aguilhon. Riom, 1857, 10 p. p. in-8°.

§ VI.

AUTOGRAPHES.

331 Archon Despérouses — une lettre.

332 Armand Marrast — une lettre.

333 Barante (de) — une lettre.

334 Bocage (l'acteur) — une lettre.

335 Boissy (le marquis de) —

336 Chabrol de Volvic — deux lettres.

337 Chevalier, Michel — une lettre.

338 Crémieux — une lettre.

339 Dubreul — une lettre.

340 Duranton (sur Saint-Domingue) — deux lettres.

341 Duvergier de Hauranne — une lettre.

342 Fortoul, Ministre de l'instruction publique et des cultes — une lettre.

343 Garnier-Pagès — une lettre.

344 Georges Sand — une lettre.

345 Gourbeyre (l'amiral) — une lettre.

346 Grosmont (de). — Mémoire dans l'intérêt de la Cour de Riom.

347 Lafayette (de) — deux lettres.

348 Lamotte-Piquet. — Rapport sur un combat naval.

349 Ledru-Rollin — une lettre.

350 Maillé (duc de) — une lettre.

351 Mandet — une lettre.

352 Mater — une lettre.

353 Michel (de Bourges) — une lettre.

354 Nicolas, premier Président de la Cour impériale de Riom — une lettre — un toast.

355 Piat, Félix — une lettre.

356 Rouher, Ministre du commerce et des travaux publics — une lettre — un toast.

357 Soubrany — dix-huit lettres.

358 Tailhand (J.-B.) — une lettre.

359 Trélat — une lettre.

(Les autographes portés sous les n°s 332, 334, 335, 336, 337, 338, 341, 342, 343, 344, 347, 349, 350,

352, 353, 354, 355, 356 et 359 ont été donnés à la bibliothèque de la Cour par Monsieur le président Dumolin. Ceux indiqués sous les nos 331, 333, 339, 340, 345, 346, 348, 351, 357 et 358 ont été donnés par Monsieur Versepuy, pharmacien de la maison centrale).

LIVRE III.

DROIT ET JURISPRUDENCE.

CHAPITRE Ier.

ORGANISATION JUDICIAIRE. — MAGISTRATURE. — COMPÉTENCE. — DEVOIRS.

360 Essai sur l'histoire générale des Tribunaux des peuples tant anciens que modernes, par Desessarts. Paris, 1778-84, 8 vol. in-8°.

361 De l'Autorité Judiciaire en France, par Henrion de Pansey. Paris, 1827, 2 vol. in-8°.

362 Treize livres des Parlements de France, par Bernard de Larocheflavin. — Imprimé chez Mathieu Berjon. Paris, 1621, in-4°.

363 Des Parlements en France. — Voir les œuvres de Pasquier, n° 107.

364 Histoire des Parlements, par Dufey. Paris, 1826, 2 vol. in-8°.

365 Histoire du Parlement de Paris. — Voir t. 22 des œuvres de Voltaire, n° 1319.

366 Histoire du Parlement de Paris, par Aubenas. Paris, 1847, t. 1er, 1re partie.

367 Procès-Verbal de ce qui s'est passé au lit de justice tenu par le roi au château de Versailles, le samedi 13 avril 1771. Paris, 1771, 28 p. p. in-4°.

368 Discours sur le ministère public, par de la Seiglière. Paris, 1837, in-8°.

369 Traité sur le ministère public, par Schenck. Paris, 1813, 2 vol. in-8°.

370 Le ministère public en France, par Ortolan et Ledeau. 1830-31, 2 vol. in-8°.

371 Manuel du procureur du roi, par L. Massabiau. Paris, 1843, 3 vol. in-8°.

372 Essai sur l'histoire de l'action publique et du ministère public, par Delpon. Paris, 1830, 2 vol. in-8°.

373 De l'arbitrage. — Voir Goubeau de la Billenerie, n° 794.

374 Des référés. — Voir Bilhard, n° 795.

375 De la Magistrature française dans notre état social et sous l'empire de nos institutions constitutionnelles.— Discours prononcé par Moulin-Darrot. Riom, 1843, in-8°.

376 Traité de l'Organisation et de la Compétence des Cours d'appel en matière civile et disciplinaire, par de Fréminville. Clermont-Ferrand, 1848, 2 vol. in-8°.

377 Discours de M. de Montalembert sur l'inamovibilité de la Magistrature, prononcé dans la discussion du projet de loi sur l'Organisation judiciaire, séance du 10 avril 1849.

378 De l'inamovibilité de la Magistrature française et de son institution en 1849, par G. Vidal. Riom, 1850, 22 p. p. in-8°.

379 De l'inamovibilité du pouvoir, par Blanche.— Discours prononcé le 3 novembre 1853.

380 De la marche et du progrès de la Magistrature ancienne et nouvelle dans l'ordre judiciaire, par de la Seiglière. Riom, 1836, in-8°.

381 Petit discours des parties et office d'un bon et entier juge, par de Coras. Paris, 1696, in-12.

382 Menochius. — De Arbitriis judicum questionibus et causis libri duo. Francofurti ad Mœnum, 1576, in-folio.

383 La Magistrature et l'honneur, par Voysin de Gartempe. Discours prononcé le 3 novembre 1821.

384 De l'influence de la Magistrature sur les mœurs publiques, par De Sèze — Discours prononcé le 4 novembre 1850.

385 De l'action de la Magistrature et du Barreau sur les idées politiques et morales en France, par C. Petit-Montséjour. Clermont-Ferrand, 1845, 45 p. p. in-8°.

386 La liberté et la Magistrature, par Salveton.— Discours prononcé le 3 novembre 1831, 18 p. p. in-8°.

387 Réflexions sur l'utilité et les inconvénients que présente la réorganisation d'un corps d'auditeurs près les Tribunaux de première instance, par E.-L. Maniez. Douai, 1841, 45 p. p. in-8°.

388 Des avantages du concours appliqué au recrutement du personnel administratif et judiciaire, par Antoine-Gaspard Bellin. Paris, 1846, 64 p. p. in-8°.

389 Considérations sur les retraites forcées de la Magis-

trature, par Sauzet. — Voir mémoires de l'Académie impériale des sciences, belles-lettres et arts de Lyon, t. unique, 4e, p. 5e. Voir n° 1154.

390 Annuaire de l'ordre judiciaire en France Paris, 1844.

391 Lois d'organisation et de compétence, par Carré, nouvelle édition revue par V. Foucher. Paris, 1834, 8 vol. in-8°.

392 Chambre du conseil en matière civile et disciplinaire, par Bertin. Paris, 1853, 2 vol. in-8°.

393 De la compétence des juges de paix, par Henrion de Pansey. Paris, 1835, in-8°.

394 De la compétence des juges de paix, par Curasson. Dijon, 1841, 2 vol. in-8°.

395 Juridiction civile des juges de paix, par Carou, 2e édit. annotée et augmentée de formules, par Bioche. Paris, 1843, 2 vol. in-8°.

396 Répertoire administratif des parquets, par L.-G. Faure. Clermont-Ferrand, 1843, 2 vol in-8°.

397 De l'obligation du magistrat de marcher de concert avec le nouveau gouvernement constitutionnel et de l'aider de tous ses efforts, par Grenier. — Discours prononcé le 3 novembre 1830.

398 Des devoirs du magistrat envers le prince et la constitution, par Romeuf de la Valette (discours). Riom, 1839.

399 Des devoirs du magistrat à se ranger au système des libertés consacrées par la Charte de 1830, par Salveton. — Discours prononcé le 3 novembre 1831.

400 Du dévouement du magistrat, par de Chantelauze. — Discours prononcé le 3 novembre 1827.

401 Du devoir. — Fais ce que dois, par de Sèze. — Discours prononcé le 3 novembre 1851.

402 De l'amour du magistrat pour ses devoirs et de son dévouement à les remplir, par Bastard-d'Etang. — Discours prononcé le 5 novembre 1828.

403 De la modération et de la sagesse du magistrat, par Voysin de Gartempe. — Discours prononcé le 5 novembre 1824.

404 De l'émulation, par Jusseraud-Duclos. — Discours prononcé le 6 novembre 1820.

405 De l'emploi du temps, par Jusseraud-Duclos. — Discours prononcé le 3 novembre 1826.

406 De l'instruction du magistrat, par Ancelot. — Discours prononcé le 3 novembre 1855.

407 De l'érudition en jurisprudence (discours), par Jallon. Riom, 1832.

408 Discours sur l'expérience, par de la Seiglière. Riom, 1834.

409 De l'esprit pratique en général. — De l'esprit pratique de la Magistrature en particulier, par Burin-Desrosiers. — Discours prononcé le 4 novembre 1856.

410 De la réformation de la justice. — Voir t. 4 et 5 des œuvres de Michel de l'Hospital, n° 1309.

411 De la discipline judiciaire, par Carnot. Paris, 1825, in-8°.

412 De la discipline, par de Boissieux (discours). Riom, 1840.

413 De la discipline des Cours et Tribunaux, du Barreau et des corporations d'officiers publics, par Achille Morin. Paris, 1847, 2 vol. in-8°.

414 De la compétence disciplinaire. — Voir traité d'organisation et de compétence de de Fréminville, n° 376.

CHAPITRE II.

PHILOSOPHIE ET HISTOIRE DE LA LÉGISLATION ET DU DROIT.

415 Principes métaphysiques du droit, suivis d'un projet de paix perpétuelle, par Emm. Kant. Paris, 1853, in-8°.

416 Des lois. — Voir t. 7 et 8 des œuvres de Platon, n° 1317.

417 Philosophie du droit, par Lerminier. Paris, 1831, 2 vol. in-8°.

418 De l'influence de la philosophie du 18e siècle sur la législation et la sociabilité du 19e, par Lerminier. Paris, 1835, in-8°.

419 De l'origine des lois, des arts et des sciences, et de leurs progrès chez les anciens peuples, par Goguet. Paris, 1820, 3 vol. in-8°.

420 Esprit, origine et progrès des institutions judiciaires des principaux pays de l'Europe, par Meyer. Paris, 1823, 5 vol. in-8°.

421 Législation primitive, par de Bonald, 3e édition. Paris, 1829, 3 vol. in-8°.

422 Introduction générale à l'histoire du droit, par Lerminier, 2e édit. Paris, 1835, in-8°.

423 Histoire de la législation, par de Pastoret. Paris, 1817-27, 9 vol. in-8°.

424 La science de la législation, par Filangieri, avec un commentaire de B. Constant. Paris, 1822, 6 vol. in-8°.

425 Esprit des lois. — Voir œuvres de Montesquieu, t. 2, 3, 4 et 5, n° 1313.

426 Bentham. — Voir n° 861.

427 Traité de législation, par Comte, 2e édit. Paris, 1835, 4 vol. in-8°.

428 Histoire du droit civil de Rome et du droit français, par F. Laferrière. Paris, 1848, 3 vol. in-8°.

429 Essai sur l'histoire du droit français au moyen-âge, par C. Giraud. Paris, 1846, 2 vol. in-8°.

430 Études historiques et critiques sur la législation civile et criminelle en France, par Couturier de Vienne. Paris, 1844, in-8°.

431 Etudes sur l'histoire du droit français, par Chambellan. Paris, 1848, in-8° (1re partie).

432 De l'origine et de la sainteté des lois; de l'importance de leur juste application et des avantages qu'elles assurent à la Société, par Meynard de Franc. — Discours prononcé le 3 novembre 1855.

433 Études sur l'histoire du droit en Auvergne, par Bayle-Mouillard (discours). Riom, 1842.

434 Essai sur l'histoire de l'action publique et du ministère public. — Voir Delpon, n° 434.

CHAPITRE III.

DROIT NATUREL ET DES GENS.

435 Samuelis Puffendorfii de jure naturæ et gentium libri octo, cum notis. Lipsiæ, 1744, 2 vol. in-4°.

436 Le droit de la nature et des gens, traduit du latin de Samuel Puffendorff, par Barbeyrac. Amsterdam, 1734, 2 vol. in-4°.

437 De legibus naturæ disquisitio philosophica, auctore Cumberland. Londini, 1672, in-4°.

438 Traité philosophique des lois naturelles, par Cumberland, traduit par Barbeyrac. Amsterdam, 1744, in-4°.

439 Principes du droit de la nature et des gens, par Burlamaqui, nouvelle édition revue par Dupin aîné. Paris, 1820, 5 vol. in-8°

440 Leçons du droit de la nature et des gens, par de Félice. Paris, 1830, 2 vol. in-8°.

441 Hugonis Grotii de jure belli ac pacis, libri III. Lipsiæ, 1758. 2 vol. in-8°.

442 Le droit de la guerre et de la paix, traduit du latin de H. Grotius, avec des remarques par J. Barbeyrac. Lyon, 1768, 2 vol. in-4°.

443 Le droit des gens, par Vattel, nouvelle édition revue par P. Royer-Collard. Paris, 1830, 2 vol in-8°.

444 Droit des gens moderne de l'Europe, par Kluber. Paris, 1831, 2 vol. in-8°.

445 Précis du droit des gens moderne de l'Europe, par Martens, avec des notes par Pinheiro-Ferreira. Paris, 1831, 2 vol. in-8°.

446 Les étrangers en France sous l'ancien et le nouveau droit, par C.-A. Sapey. Paris, 1843.

447 Code des étrangers, par Legat. Paris, 1832, in-8° (2 exemplaires).

448 Code des Aubains, par Gaschon Paris, 1818, in-8°.

449 Des droits et des devoirs des nations neutres en temps de guerre maritime, par L.-B. Hautefeuille. Paris, 1849, 4 vol. in-8°.

450 Traité du droit international privé ou du conflit des lois des différentes nations en matière de droit privé, par Fœlix. Paris, 1847, in-8°.

451 Projet de paix perpétuelle. — Voir Kant, n° 415.

452 Traité complet de diplomatie. Paris, 1833, 3 vol. in-8°.

453 Dictionnaire d'économie politique et diplomatique de l'encyclopédie méthodique, par Demeunier. Paris, 1784, 4 vol. in-4°.

454 Éléments de droit politique, par Macarel. Paris, 1833, in-12.

455 Lettres, instructions diplomatiques et papiers d'Etat du cardinal Richelieu, recueillis et publiés par Avenel. Paris, 1856, 2 vol. in-4°.

456 Jeannin (le président). — Négociations. — Panthéon littéraire, t. 18. Paris, 1838.

457 Ambassades mémorables de la Compagnie des Indes orientales des Provinces-Unies vers les empereurs du Japon. Amsterdam, 1680, in-folio.

458 Dépêche circulaire du 17 juillet 1839 aux missions de France à Londres, Vienne, Berlin et St-Pétersbourg, et réponse des quatre Cours à cette communication.

CHAPITRE IV.

DROIT CANONIQUE. — DROIT ECCLÉSIASTIQUE.

459 Corpus juris canonici Academicum emendatum et notis Lancelloti illustratum, in duos tomos distributum. Coloniæ Munatianæ, 1773, in-4°.

460 Jus canonicum. — Voir t. 4 et 5 des œuvres de Dumoulin, n° 495.

461 Quœstionum et resolutionum legalium libri duo quorum prior continet resolutiones beneficiales, canoni-

cas et regulares, secundus controversias civiles determinat, de Tonduti Sanlegerii. Lugduni, 1659, in-folio.

462 Recueil de jurisprudence canonique et bénéficiale par ordre alphabétique, de Rousseau de la Combe. Paris, 1755, in-folio.

463 Lois ecclésiastiques de France dans leur ordre naturel, par Louis de Héricourt. Paris, 1756, in-folio.

464 Les règles du droit canon. — Voir Dantoine, n° 610.

465 Code ecclésiastique français, par Henrion. Paris, 1829, 2 vol. in-8°.

466 Le droit civil ecclésiastique français ancien et moderne dans ses rapports avec le droit canon et la législation actuelle, par Champeaux (de). Paris, 2 vol. in-8°.

467 Copie du livre intitulé : Traité de la régale, imprimé par l'ordre de Mgr l'évêque de Pamiers, avec la défense des droits de son église. Imprimé à Cologne l'an 1620, in-folio (manuscrit).

468 Traité du gouvernement des paroisses, par Carré. Paris, 1834, in-8°.

CHAPITRE V.

Droit Romain.

§ Ier.

HISTOIRE.

469 Historia juris Romani. — Voir t. 4 des œuvres d'Heineccius, n° 499.

470 Histoire du droit romain, par Hugo, traduite par

Jourdan, revue par Poncelet. Paris, 1821-22, 2 vol. in-8°.

471 Histoire des sources du droit romain, par Poncelet. Paris, 1829, in-12.

472 Origine du droit civil, par Gravina, traduit par Riquier. Paris, 1822, in-8°.

473 Histoire du droit civil de Rome. — Voir Laferrière, n° 428.

474 Histoire du droit romain, par Berriat-Saint-Prix. Paris, 1821, in-8°.

475 Histoire du droit romain au moyen-âge, par F.-C. de Savigny; traduction de l'allemand, par Ch. Guenoux. Paris, 1839, 3 vol. in-8°.

476 Histoire du droit bysantin, ou du droit romain dans l'empire d'Orient, depuis la mort de Justinien jusqu'à la prise de Constantinople en 1453, par Montreuil. Paris, 1844, in 8°.

477 Histoire de la jurisprudence romaine, par Terrasson. Paris, 1834, in-4°.

478 De l'influence du christianisme sur le droit civil des romains, par Troplong. Paris, 1843, in-8°.

479 De l'usage et de l'autorité du droit civil dans les Etats des princes chrétiens, traduit du latin d'Arthurus Duck. Paris, 1689, in-12.

§ II.

DROIT ROMAIN ANTÉRIEUR A JUSTINIEN.

480 Institutes de Gaïus, traduites et annotées avec le texte en regard, par L. Domenget. Paris, 1847.

481 Antiquitatum romanarum jurisprudentiam illustrantium syntagma. — Voir t. 4 des œuvres d'Heineccius, n° 499.

482 Jus civile ante justinianeum, codicum et optimarum editionum ope, à societate jurisconsultorum curatum. — Prœfatus est et indicem editionum adjecit G. Hugo. Berolini, 1815, in-8°; tomus prior et tomus posterior.

(Cet ouvrage renferme dix livres du Code Théodosien).

483 Des lois agraires chez les romains, par Macé. Paris, 1846, in-8°.

§ III.

LOIS DES PEUPLES BARBARES (avant Justinien).

484 Loi salique, ou recueil contenant les anciennes rédactions de cette loi et le texte connu sous le nom de Lex emendata, avec des notes et des dissertations, par J.-M. Pardessus. Paris, 1843, in-4°.

485 Codex legum antiquarum, in quo continentur leges Visigothorum, edictum Theodorici, lex Burgundiorum, lex Salica, etc.; edd. Frid. Lindinbrog. Francofurti, CIƆIƆCXIII (1613), in-folio.

§ IV.

CORPS DE DROIT.

486 Corpus juris civilis Academicum. Parisiis, 1830, in-4°. Curâ Gallisset.

487 Corpus juris civilis : 1° Digestum vetus ; 2° infortiatum ; 3° digestum novum ; 4° codex ; 5° institutiones. Authore Stephano Daoyz, 6 vol. in-folio, édition au lion moucheté.

488 Dictionnaire du digeste, par Thevenot-Dessaules, revu par Lesparat et Dussans. Paris, 1808, 2 vol. in-4°.

489 Pandectæ justiniane, auctore Pothier. Parisiis, 1743, 3 vol. in-folio.

490 Traduction complète du corps de droit, avec le texte en regard, par Hulot, Berthelot, Tissot, etc. Metz, 1802-11, 17 vol. in-4°.

§ V.

COMMENTAIRES SUR L'ENSEMBLE OU SUR PLUSIEURS PARTIES DU DROIT ROMAIN.

491 Corpus juris civilis, cum glossis et indice Daoyz. Lugduni, 1718, 6 vol. in-folio; édition au lion moucheté.

492 Corpus juris civilis, cum Gothofredi et aliorum notis. Opera et studio Sim. Van Leeuwen. Amstelodami, Elzévire, 1663, 2 vol. in-folio.

493 Donellus (Hugo). — Opera omnia cum notis Osualdi Hilligeri; accedunt summaria et castigationes theologicæ. Roma, 1828-32, 12 vol. in-folio.

494 Elementa juris civilis. — Voir t. 5 des œuvres d'Heineccius, n° 499.

495 Molinæi opera omnia. Parisiis, 1681, 5 vol. in-folio (deux exemplaires).

496 Otton (Everard). — Thesaurus juris romani, continens rariora meliorum interpretum opuscula, in quibus jus romanum emendatur, explicatur et illustratur. Lugduni Batavorum, 1741, 5 vol. in-folio.

497 Juris civilis ecloga. Parisiis, 1832, in-12.

498 Jacobi Cujacii opera omnia. — Édition à la grande barbe. — Lutetiæ Parisiorum, 1617, 6 vol. in-folio; plus 1 vol. in-folio d'une autre édition dont le titre manque.

499 Heineccii opera. Genevœ, 1771, 9 vol in-4°.

500 Gothofredi immo. Parisiis, 1821, 3 vol. in-8°.

501 Codex Fabrianus. Lugduni, 1661, in-folio.

502 Bartoli à Saxoferrato consilia, quæstiones, tractatus. Lugduni, 1538, in-folio.

§ VI.

COMMENTAIRES SUR LE DIGESTE.

503 Bartoli à Saxoferrato in primam et in secundam partem Digesti veteris commentaria. Lugduni, 1538, in-folio.

504 Bartoli à Saxoferrato in primam et in secundam partem infortiati commentaria. Lugduni, 1538, in-folio.

505 Bartoli à Saxoferrato in primam et in secundam partem Digesti novi commentaria. Lugduni, 1538, in-folio.

505 *bis* Voet. — Commentarius ad pandectas, 2 vol. in-folio.

506 Ant. Mornaci observationes in 24 libros pandectarum et 4 codicis libros. Parisiis, 1654, 4 vol. in-folio (sur le digeste, t. 1 et 2).

§ VII.

COMMENTAIRES SUR LES INSTITUTES.

507 J. Borcholten. — In quatuor institutionum juris civilis libros commentaria. Parisiis, 1663, in-4°.

508 Jacobi Cujacii prælectiones in institutiones Justiniani, operâ et studio Réalier-Dumas. Claromonti, 1824, in-8°.

509 Vinnii commentarius in quatuor libros institutionum, cum notis Heineccii. Lugduni, 1737, 2 vol. in-4°.

510 Schneidewini in quatuor institutionum imperalium Justiniani libros commentarii. Aureliæ Allobrogum, 1619, in-4°.

511 Institutes de Justinien nouvellement expliquées, par Ducaurroy. Paris, 1832-35, 4 vol. in-8°.

§ VIII.

COMMENTAIRES SUR LE CODE.

512 Perezii prælectiones in XII libros codicis Justiniani. Antelodani, 16xcv (1695), 2 vol. in-4°.

513 Bartoli à Saxoferrato in primam et in secundam partem codicis commentaria. Lugduni, 1538, in-folio.

514 Observationes in IV codicis libros. — Voir t. 3 et 4 des œuvres de Mornac, n° 506.

CHAPITRE VI.

ANCIENNE LÉGISLATION DE LA FRANCE.

515 Placitorum summæ apud Gallos curiæ libri XII, par Jean Lucius. Lutetiæ, 1556, in-4°.

516 Assises de Jérusalem publiées par La Thaumassière. Bourges, 1690, in-folio.
(Recueil de lois rédigées en 1099, par Godefroy de Bouillon, roi de Jérusalem, de concert avec les principaux seigneurs croisés réunis en assises. Ces lois, destinées à régir l'état chrétien de Palestine, furent anéanties en même temps que la domination des croisés).

517 Li livres de jostice et de plet, publiés pour la première fois d'après le manuscrit unique de la bibliothèque nationale, par Rappetti, avec un glossaire des mots hors d'usage, par Chabaille. Paris, 1850, in-4°.

518 Le conseil de Pierre Defontaines, ou traité de l'ancienne jurisprudence française, avec notes explicatives, par A.-J. Marnier. Paris, 1846, in-8°.

519 Capitularia regum Francorum, édit. Baluzio et Chiniac. Parisiis, 1780, 2 vol. in-folio. — Une autre édition de 1677. Parisiis, 2 vol. in-folio.

520 Ordonnances des rois de France de la 3e race. Paris, 1723-1828, 19 vol. in-folio.

521 Recueil général des anciennes lois françaises, depuis 420 jusqu'à 1789, par Isambert, Decruzy et Taillandier. Paris, 1833, 31 vol. in-8°.

522 Les édits et ordonnances des rois de France, depuis

l'an 1108 jusqu'au roi Henri IV, par Fontanon. Paris, 1611, 3 vol. in-folio.

523 Recueil d'édits et ordonnances royaux, par Néron et Girard. Paris, 1720, 2 vol. in-folio.

524 Conférence des ordonnances royales, avec annotations, par Pierre Guesnois. Paris, 1678, 3 vol. in-folio.

CHAPITRE VII.

COUTUMES.

525 Nouveau coutumier général, par Bourdot de Richebourg. Paris, 1724, 4 vol. in-folio (deux exemplaires).

526 Somme rurale, ou le grand coutumier général de pratique civil et canon, par J. Bouteiller, avec commentaires et annotations de L. Charondas le Caron. Paris, 1603, in-4°.

527 Institutes coutumières de Loisel, revues par de Laurière. Paris, 1783, 2 vol. in-12.

528 Méthode générale pour l'intelligence des coutumes de France, par Paul Chalines. Paris, 1666, in-8°.

529 Aymo, in consuetudines Arverniæ. Parisiis, 1548, in-folio.

530 Bessianus, in consuetudines Arverniæ. Lugduni, 1548.

531 Coutumes du haut et bas pays d'Auvergne, avec la paraphrase de Basmaison, 4e édit., revue par Consul. Clermont, 1667, in-4°.

532 La coutume du haut et bas pays d'Auvergne, par Prohet Paris, 1695, in-4°.

533 Coutumes d'Auvergne, par Prohet, avec notes de Dumoulin. Paris, 1695, in-4°.

534 Coutume d'Auvergne commentée par un anonyme. Clermont, 1587, in-12.

535 Les coutumes d'Auvergne, par Prohet, avec notes, par Touttée. 1695, in-4°.

536 Coutumes d'Auvergne, par Chabrol. Riom, 1784-85, 4 vol. in-4°.

537 Les coutumes du Beauvoisis, par Philippe de Beaumanoir, nouvelle édition publiée par le comte Beugnot. Paris, 1842, 2 vol. in-8°.

538 Œuvres de Guy Coquille (coutume de Nivernais). Paris, 1666, 2 vol. in-folio (deux exemplaires).

539 Coutumes de Berry, par Ragueau. Paris, 1615, in-folio.

540 Nouveau commentaire sur la coutume de Berry, par Mauduit. Paris, 1624, in-8°.

541 Décisions sur les coutumes de Berry, par La Thaumassière. Bourges, 1667, in 4°.

542 Commentaires aux coutumes du Bourbonnais, par Jean Duret. Lyon, 1585, in-folio.

543 Coutumes du Bourbonnais, avec les commentaires de Math. Auroux des Pommiers. Paris, 1780, 2 vol. in-folio.

544 Commentaire aux coutumes du Bourbonnais, par Jean Papon. Lyon, 1600, in-folio.

545 D'Argentré. — Commentarii in patrias Britonum leges. Parisiis, 1640, in-folio.

546 Coutumes de la Marche, par Couturier de Fournoue. Clermont-Ferrand, 1744, in-8°.

547 Corps et compilation de tous les commentateurs sur la coutume de Paris, par Cl. de Ferrière. Paris, 1714, 4 vol. in-folio.

548 Traités de Duplessis sur la coutume de Paris, avec des notes de Berroyer et de Laurière. Paris, 1754, 2 vol. in-folio.

549 Coutumes de Paris, commentées par Julien Brodeau. Paris, 1669, 2 vol in-folio.

550 Le Maistre (Pierre). — Coutumes de la prévôté et vicomté de Paris. Paris, 1700, in-folio.

551 Commentarius in consuetudines Parisienses. — Voir t. 1 des œuvres de Dumoulin, n° 495.

552 Coutumes de Bordeaux, par Arnolde Lyon, 1565, in-folio.

553 Coutumes d'Orléans, par Jean Duret. Paris, 1609, in-4°.

554 Coutumes d'Orléans, par Pothier. – Voir le dernier vol. de ses œuvres, n° 615.

555 Le coutumier de Picardie, contenant les commentaires de Heu, de Dufresne et de Ricard sur les coutumes d'Amiens ; de Gosset, sur celle de Ponthieu ; de Le Caron, sur Péronne, Montdidier ; de La Vilette, nouveau commentaire sur les mêmes coutumes ; de Dubourg, sur les coutumes de Montreuil-sur-Mer ; de Leroy de Losembrune, sur celle du Boulenois, avec une histoire de la ville et des comtes de Boulogne. Paris, 1626, 2 vol. in-folio.

556 Coutumes de Poitou, par Rat. Poitiers, 1548, in-4°.

557 Coutumes du baillage de Troïes en Champagne, par Pithou. Troyes, 1628, in-4°.

558 Les coutumes du baillage de Troyes en Champagne, par Legrand. Paris, 1661, in-folio.

559 Le coutumier de Vermandois, contenant les commentaires de Buridan et de Lafons, des observations de d'Héricourt, et en outre des commentaires de Godet, de Billecart sur les coutumes de Châlons ; de Buridan,

sur Rheims, et de Vrévins sur Chaulny, par d'Héricourt. Paris, 1728, 2 vol. in-folio.

CHAPITRE VIII.

DROIT FRANÇAIS INTERMÉDIAIRE.

560 Cours de législation et de jurisprudence française, par Proudhon. Besançon, an XII, 2 vol. in-8°.

561 Lois civiles intermédiaires. Paris, an XIV, 4 vol. in-8°.

562 Code des successions, par Vermeil. Paris, an III, 2 vol. in-12 reliés en un.

563 Explication de la loi du 4 germinal an VIII sur la faculté de tester et de disposer entre vifs, par Levasseur. Paris, an VIII, in-12.

564 Instruction sur la loi du 4 germinal an VIII, par Bergier. Paris, in-12.

565 Traité des avantages entre époux, par Levasseur. Paris, an IX, in-8°.

566 Dictionnaire raisonné sur les transactions entre particuliers, par Fournel. Paris, an VI, in-8°.

567 Code des transactions entre particuliers, par Vermeil. Paris, an VI, in-8°.

568 Code hypothécaire, par Guichard. Paris, an IX, in-12.

569 Code hypothécaire, par Levasseur. Paris, an VII, in-12.

570 Questions transitoires sur le Code civil, par Chabot. Paris, 1829, 3 vol. in-8°.

CHAPITRE IX.

CORPS DE DROIT. — RECUEILS DE LOIS. — LEXIQUES.

571 Capitularia regum Francorum. — Voir n° 519.

572 Ordonnances des rois de France. — Voir n°s 520, 522, 523, 524.

573 Recueil général des anciennes lois françaises. — Voir n° 521.

574 Édits et ordonnances des rois de France. — Voir n° 522.

575 Recueil d'édits et ordonnances royaux. — Voir n° 523.

576 Les Codes français collationnés sur les éditions officielles, par Louis Tripier. Paris, 1848, in-8°.

577 Codes de la législation française, par Napoléon Bacqua. Paris, 1850, in-8°.

578 Codes civil, de procédure et de commerce français. 1816, in-8°.

579 Collection de décrets de l'assemblée nationale constituante et législative, par Arnoult. Dijon, 1792, 7 vol. in-4°.

580 Bulletin des lois. — Collection complète des lois, décrets, ordonnances, etc., depuis l'an deux.

581 Collection complète des lois, décrets, ordonnances, etc., depuis 1789, par Duvergier, 2e édit., 34 vol. in-8°.

582 J. Kahl, lexicon juridicum. Genevæ, 1759, 2 vol. in-folio.

583 Glossaire du droit français, par Ragueau et de Laurière. Paris, 1704, 2 vol. in-4°.

CHAPITRE X.

PRINCIPES GÉNÉRAUX DU DROIT. — TRAVAUX PRÉPARATOIRES ET DISCUSSIONS DES CODES. — RÉPERTOIRES. — OUVRAGES ET COMMENTAIRES GÉNÉRAUX.

584 Essai d'un traité sur la justice universelle, par Bacon; traduction de de Vauzelles. Paris, 1833, 2 vol. in-8°.

585 Elementa juris civilis. — Voir t. 5 des œuvres d'Heineccius, n° 499.

586 Principes du droit français suivant les maximes de Bretagne, par Poullain du Parc. Rennes, 1767, 12 vol. in-12.

587 Institution au droit des français. — V. t. 2, p. 1 des œuvres de Coquille, n° 528.

588 Manuel des étudiants en droit et des jeunes avocats, par Dupin aîné. Paris, 1835, in-18.

589 Discours, rapports et travaux inédits sur le Code civil, par Jean-Etienne-Marie Portalis, publiés par le vicomte Frédéric Portalis. Paris, 1844, in-8°.

590 Législation civile, commerciale et criminelle de la France, par Locré. Paris, 1826-31, 31 vol. in-8°.

591 Analyse de la discussion du Code civil au conseil d'Etat, par Maleville, 4 vol. in-8°. Paris, 1805.

592 Recueil complet des travaux préparatoires du Code civil, par Fenet. Paris, 1827-28, 15 vol. in-8°.

593 Dictionnaire de jurisprudence de l'encyclopédie méthodique. Paris, 10 vol. in-4°.

594 Guidonis Papæ decisiones cum annotationibus Ferrerii, etc. Lugduni, 1610, in-folio.

595 Recueil de jurisprudence civile, par Guy du Rousseau de la Combe. Paris, 1785, in-4°.

596 Collection de décisions nouvelles et de notions relatives à la jurisprudence, par Denisart. Paris, 1781, 4 vol. in-4°.

597 Actes de notoriété donnés au Châtelet de Paris, avec des notes, par Denisart. Paris, 1759, in-4°.

598 Œuvres complètes de Cochin. Paris, 1821, 8 vol. in-8°. Une autre édition de 1751, 6 vol. in-4°.

599 Mémoires, consultations et rapports d'experts. 8 vol. petit in-4°.

600 Répertoire universel et raisonné de jurisprudence, par Merlin, 5e édition. Paris, 1827-28, 18 vol. in-4°.

601 Recueil alphabétique des questions de droit, par Merlin, 4e édition. Paris, 1827-30, 8 vol. in-4°.

602 Table des matières contenues dans le répertoire et les questions de droit de Merlin, par Rondonneau. Paris, 1829, in-4°.

603 Répertoire de la nouvelle législation, par Favard de Langlade. Paris, 1823, 5 vol. in-4°.

604 Questions de droit, par Duport-Lavilette. Paris, 1829, 7 vol. in-8°.

605 Œuvres judiciaires de Mourre. Paris, 1812, in-4°.

606 Revue de législation et de jurisprudence, publiée sous la direction de Wolowski. Paris. 1834 et suiv., in-8°.

606 *bis* Mémoires judiciaires.

607 Méthode pour l'intelligence des coutumes. — Voir n° 528.

608 Le droit commun de la France, par Bourjon. Paris, 1775, 2 vol. in-folio

609 Institution au droit français, par Argou, avec des notes de Boucher d'Argis. Paris, 1730, 2 vol. in-12.

610 Les règles du droit civil et canon, par Dantoine. Paris, 1772, 2 vol. in-4°.

611 Les lois civiles dans leur ordre naturel, par Domat. Paris, 1771, in-folio.

612 Code civil, par Serpillon. Paris, 1776, in-4°.

613 Œuvres de Guy Coquille. — Voir n° 538.

614 Œuvres de Cl. Henrys, avec les observations de Bretonnier. Paris, 1738, 4 vol. in-folio.

615 Œuvres de Pothier. Paris, 1773, 8 vol. in-4°. — Voir n° 489.

616 Œuvres posthumes de Pothier. Paris, 1773, 6 vol. (le 4e vol. manque).

617 Œuvres d'Antoine Despeisses. Lyon, 1660, 3 vol. in-folio.

618 Œuvres de Renusson, nouvelle édition revue par Sérieux. Paris, 1760, in-folio.

619 Remarques de droit et de jurisprudence, par Touttée. 2 vol. petit in-4° (manuscrit).

620 Codes annotés, par Sirey, Paris, 1833, in-8°.

621 Les Codes français annotés, par Lahaye et Waldeck-Rousseau, in-4°.

622 Corps universel du droit civil français, par Deleurie. Paris, 1830, 12 vol. in-8°.

623 Cours de Code civil, par Delvincourt, 5e édition. Paris, 1824, 3 vol. in-4°.

624 Droit civil français, par Toullier et Duvergier. Paris, 1830-35, 16 vol. in-8°.

625 Commentaire sur le Code civil, par Troplong. — Voir ses divers ouvrages aux traités spéciaux).

626 Cours de droit français suivant le Code civil, par Duranton. Paris, 1834, 19 vol. in-8°.

627 Commentaire analytique du Code civil, par Coin-Delisle. Paris, 1834-35, in-4°.

628 Pothier analysé dans ses rapports avec le Code civil, par Fenet. Paris, 1826, in-8°.

629 Traité de l'interprétation des lois, par Mailher de Chassat. Paris, 1822, in-8°.

630 Le droit civil français, par Zachariæ, traduit de l'allemand, annoté et rétabli suivant l'ordre du Code Napoléon, par Massé et Vergé. Paris, 1854, t. 1 et 2 (l'ouvrage est en cours de publication).

631 Traité de législation et de jurisprudence suivant l'ordre du Code civil, par Hennequin. Paris, 1838, 2 vol. in-8°.

632 Concordance entre les Codes civils étrangers et le Code Napoléon, par Anthoine de St-Joseph. Paris, 1844, in-4°.

CHAPITRE XI.

COMMENTAIRES SPÉCIAUX SUR LE DROIT CIVIL (en suivant l'ordre du Code Napoléon).

633 Traité de l'interprétation des lois. — Voir Mailher de Chassat, n° 629.

634 Mémoires concernant la nature et la qualité des statuts, par Froland. Paris, 1729, 2 vol. in-4°.

635 Traité de la personnalité et de la réalité des lois, coutumes ou statuts, par Boullenois. Paris, 1732, in-4°.

636 Commentaire approfondi du Code civil, par Mailher de Chassat. Paris, 1832, 2 vol. in-8°.

(Ce commentaire n'embrasse que les premiers articles du Code et il traite spécialement de l'effet rétroactif des lois).

637 De l'état civil des personnes et de la condition des terres dans les Gaules, dès les temps celtiques jusqu'à la rédaction des coutumes, par C.-J. Perreciot. Paris, 1845, 3 vol. in-8°.

638 Commentaire analytique du Code civil. — Actes de l'état civil, par Coin-Delisle et Royer. Paris, 1835, in-4°.

639 De l'état civil, par Hutteau d'Origny. Paris, 1833, in-8°.

640 Nouveau manuel des officiers de l'état civil, par Garnier-Dubourgneuf. Paris, 1835, in-12.

641 Cours de droit français sur l'état des personnes, par Proudhon Dijon, 1810, 2 vol. in-8°.

642 Nouveau traité des absents, par Talandier. Paris, 1831, in-8°.

643 Du mariage. — Examen comparatif des principes qui le régissent suivant le Code civil français, le droit romain, le droit canonique et les législations des États modernes, par J.-B. Duchesne aîné. Paris, 1845, in-8°.

644 De l'édit des mariages clandestins, par de Coras. Paris, 1696, in-12.

645 Traité du mariage, par Vazeilles. Paris, 1825, 2 vol. in-8°.

646 Traité du Mariage, par Allemand. Riom, 1846, 2 vol. in-8°.

647 Cause de nullité de mariage pour vice de conformation, par de Bonnechose. Riom, 1828, 24 p. p. in-8°.

648 De la séparation de corps et de ses effets quant aux personnes et quant aux biens, par Henri Massol. Paris, 1841, in-8°.

649 Traité des enfants naturels, par Loiseau. Paris, 1811, in-8°.

650 Traité de l'adoption. — Voir à la page 617 du 2e vol. du traité des donations, par Grenier, 3e édition.

651 De la légitimation des enfants naturels par l'adoption. — Dissertation par Mandet des Lamy. Riom, 1839, 34 p. p in-8°, et 1847, 16 p. p. in-8°.

652 Traité des minorités, tutelles et curatelles, par Magnin. Paris, 1833, 2 vol. in-8°.

653 Traité de la minorité et de la tutelle, par de Fréminville. Clermont, 1845, 2 vol. in-8°.

654 Des conseils de famille, avis de parents, tutelles et curatelles, par Bousquet. Paris, 2 vol. in-8°.

655 Traité de la mort civile, par Richer. Paris, 1755, in-4°.

656 De la condition des terres dans les Gaules dès les temps celtiques jusqu'à la rédaction des coutumes. — Voir Perreciot, n° 637.

657 Chopin (René). — De domanio Franciæ, libri III. Paris, 1589, in-folio.

658 Traité des fiefs et de leur origine avec les preuves tirées des capitulaires de Charlemagne, de Louis le Débonnaire, de Charles le Chauve et des ordonnances de Saint-Louis, par Chantereau-Lefevre. Paris, 1662, in-folio.

659 Traité des fiefs, par J. de Basmaison-Pougnet. Paris, 1579, in-8°. (Ouvrage compris dans le volume de la Practica forensis de Mazuer. — Voir n° 778).

660 Traité du domaine public, par Proudhon. Dijon, 1834, 5 vol. in-8°.

661 Traité du domaine de propriété ou de la distinction des biens considérés principalement par rapport au domaine privé, par Proudhon. Dijon, 1839, 3 vol. in-8°.

662 De la propriété d'après le Code civil, par Troplong Paris, 1848, in-18.

663 Traité de la propriété mobilière suivant le Code civil, par Th. Chavot. Paris, 1839, 2 vol. in-8°.

664 Code des Aubains, par Gaschon Paris, 1818, in-8°.

665 De la propriété des eaux courantes, du droit des riverains et de la valeur actuelle des concessions féodales, par Championnière. Paris, 1845, in-8°.

666 Régime ou traité des cours d'eau de toute espèce, par Garnier, 3e édit. Paris, 1835, 3 vol. in-8°.

667 Pratique des cours d'eau, par Daviel. 1834, in-8°.

668 Code des irrigations, par Bertin. Paris, in-8°.

669 Traité du droit d'alluvion, par Chardon. Paris, 1830, in-8°.

670 Du droit des communes sur les biens communaux, par Latruffe. Paris, 1826, 2 vol. in-8°.

671 Des biens communaux et de la police rurale et forestière, par Henrion de Pansey. Paris, 1833, in-8°.

672 Lois des bâtiments, par Desgodets, nouvelle édition, par Lepage. Paris, 1840, 2 vol. in-8°.

673 Code des constructions et de la contiguité, par L. Perrin.

674 Traité du voisinage, par Fournel et Tardif, 4e édition. Paris, 1827, 2 vol. in-8°.

675 Loi sur l'expropriation pour cause d'utilité publique,

avec des notes, par Gillon et Stourm. Paris, 1833, in-12.

676 Traité des assurances terrestres, par Quénault. Paris, 1827, in-8°.

677 Traité des assurances terrestres, par Eugène Persil. Paris, 1835, in-8°.

678 Traité des droits d'usufruit, d'usage, d'habitation et de superficie, par Proudhon. Dijon, 1824-27, 9 vol. in-8°.

679 Tractatus de servitutibus Bartholomæi Cæpollæ. Lugduni, 1688, in-4°.

680 Traité des servitudes réelles, par Lalaure. Paris, 1761, in-4°.

681 Traité des servitudes, par Pardessus, 7e édition. Paris, 1829, in-8°.

682 Traité des successions, par Denis Lebrun, avec des remarques par J.-B. Espiard de Saux. Paris, 1775, in-folio.

683 Traité des successions testamentaires et ab intestat, par Charles de Bouques et Antoine Despeisses, 3e édit. Lyon, 1652, in-12.

684 Traité des successions, par Montvalon. Aix, 1780, 2 vol. in-4°.

685 Commentaire sur la loi des successions, par Chabot, 6e édit. Paris, 1832, 3 vol. in-8°.

686 Résumé et conférence des commentaires du Code civil sur les successions, par Vazeilles. Paris, 1834, in-8°.

687 Résumé et conférence des commentaires du Code civil sur les successions, donations et testaments, par Vazeilles. Clermont-Ferrand, 1837, 3 vol. in-8°.

688 Traité du retrait successoral, par Xavier Benoit. Grenoble, 1838, in-8°.

689 Traité de la séparation des patrimoines, suivant les principes du droit romain et du Code civil et la jurisprudence des tribunaux, par Dufresne. Paris, 1842, in-8°.

690 Traité des partages d'ascendants, par Genty. Paris, 1850, in-8°.

691 Traité des donations, par Ricard. Paris, 1734, 2 vol. in-folio.

692 Ordonnances de Louis XV sur les donations, avec des observations par Furgole. Paris, 1761, 2 vol. in-4°.

693 Traité des donations et testaments, par Grenier, 3e édit. Clermont-Ferrand, 1826, 2 vol. in-4°.

694 Traité des donations, des testaments et de toutes autres dispositions gratuites, par Grenier, 4e édit.; par Bayle-Mouillard. Clermont-Ferrand, 1844, 4 vol. in-8°.

695 Donations et testaments, par Coin-Delisle. Paris, 1843, in-4°.

696 Des donations entre vifs et des testaments, par Saint-Espès-Lescot. Paris, 1849, 2 vol. in-8°.

697 Des donations entre vifs et des testaments, par Troplong. Paris, 1855, 4 vol. in-8°.

698 Traité des testaments, codiciles, donations à cause de mort, par Furgole. Paris, 1745, 4 vol. in-4°. — Autre édition de 1777, 4 vol. in-4°.

699 Résumé et conférence des commentaires sur les donations et les testaments. — Voir Vazeilles, n° 686.

700 Commentaire de l'ordonnance de Louis XV sur les substitutions, par Furgole. Paris, 1767, in-4°.

701 Des substitutions prohibées par le Code civil, par Rolland de Villargues, 3e édit. Paris, 1833, in-8°.

702 De la quotité disponible entre époux d'après l'art 1094 du Code civil, par Benech. Toulouse, 1845, in-8°.

703 Essai sur le droit d'accroissement, par Hauthuille. Marseille, 1834, in-8°.

704 Traité des obligations. — Voir les œuvres de Pothier, n° 615.

705 Des obligations divisibles et indivisibles. — Voir De dividuo et individuo, au t. 3, p. 89 et suiv. des œuvres de Dumoulin, n° 495.

706 Traité sur les obligations divisibles et indivisibles, par Bourgnou de Layre. Paris, 1845, in-8°.

707 Théorie sur la nullité des actes et des conventions de tout genre en matière civile, par Solon. Paris, 1840, 2 vol. in-8°.

708 Traité du dol et de la fraude en matière civile et commerciale, par Chardon. Paris, 1828, 3 vol. in-8°.

709 Code du faux, par Serpillon. Paris, 1774, in-4°.

709 *bis* Essai sur la prestation des fautes, par Lebrun. Paris, 1813, in-12.

710 Traité de la subrogation des personnes, par Gauthier, Paris, 1853, in-8°.

711 Des preuves judiciaires. — Voir Bentham, n° 1303.

712 Traité de la preuve par témoins en matière civile, par Danty. Paris, 1737, in-4°.

713 Essai sur la nature des différentes espèces de preuves, par Gabriel, revu par Solon. Paris, 1824, in-8°.

714 Traité théorique et pratique des preuves en droit civil et en droit criminel, par E. Bonnier. Paris, 1843, in-8°.

715 Commentaire sur le titre du contrat de mariage et des droits respectifs des époux, par Troplong. Paris, 1850, 4 vol. in 8°.

716 Traité de la communauté, par Lebrun. Paris, 1754, in-folio.

717 De donationibus in contract. Matrimonii factis. — Voir t. 3, p. 449 des œuvres de Dumoulin, n° 495.

718 Traité de la dot à l'usage du pays de droit écrit et de celui de coutume, par Roussille. Paris, 1856, in-8°.

719 Traité de la dot, par Benoit. Paris, 1829, 2 vol. in-8°.

720 Traité de la dot, par Teissier. Bordeaux, 1835, 2 vol. in-8°.

721 Questions sur la dot, par Teissier. Bordeaux, 1852, in-8°.

722 De l'emploi et du remploi de la dot sous le régime dotal, par Benech. Paris, 1847, in-8°.

723 Essai sur les récompenses sous le régime de la communauté légale, par Mennesson. Paris, 1853, in 8°.

724 Traité des droits des femmes en matière civile et commerciale, par Cubain. Paris, 1842, in 8°.

725 De la vente, par Troplong. Paris, 1834, 2 vol. in-8°.

726 Commentaire sur les titres de l'échange et du louage, par Troplong. Paris, 1840, 3 vol. in-8°.

727 Traité du bail à portion de fruits, ou colonage partiaire, par E. Méplain. Moulins, 1850, in-8°.

728 Commentaire des sociétés civile et commerciale, par Troplong. Paris, 1843, 2 vol. in-8°.

729 Tractatus usurarum. — Voir t. 2, p. 1 et suiv. des œuvres de Dumoulin. n° 495.

730 Commentaire sur les titres du prêt, du dépôt, du séquestre, des contrats aléatoires et de la rente viagère, par Troplong. Paris, 1845, 2 vol. in-8°.

731 Traité de l'usure, par Chardon. Paris, 1823, in-8°.

732 De l'usure et du prêt. — Voir Bentham, n° 1303.

733 Du mandat, par Troplong. Paris, 1846, in-8°.

734 Traité du cautionnement en matière civile et commerciale, par A Ponsot. Paris, 1844, in-8°.

735 Du cautionnement et des transactions, par Troplong. Paris, 1846, in-8°.

736 De l'emprisonnement pour dettes. — Considérations sur son origine, ses rapports avec la morale publique, etc., par Bayle-Mouillard. Paris, 1836, in-8°.

737 Commentaire analytique du Code civil. — Contrainte par corps, par Coin-Delisle. Paris, 1834, in-4°.

738 Commentaire sur le titre de la contrainte par corps, par Troplong. Paris, 1847, in-8°.

739 Commentaire sur le titre du nantissement, du gage et de l'antichrèse, par Troplong. Paris, 1847, in-8°.

740 Documents relatifs au régime hypothécaire et aux réformes qui ont été proposées, par ordre de M. Martin (du Nord). Paris, 1844, 3 vol. in-8°.

741 Rapport sur la réforme du régime hypothécaire, fait à la Cour royale de Riom en assemblée générale, le 13 novembre 1843, par Bayle-Mouillard.

742 Examen du régime hypothécaire établi par le Code civil, par Allemand. Riom, 1836, in-8°.

743 Commentaire sur l'édit portant création de conservateurs des hypothèques sur les immeubles réels et fictifs et abrogation des décrets volontaires, par Grenier, 2e édit. Riom, 1787, in-12.

744 Traité des hypothèques, par Grenier, 3e édit. Clermont-Ferrand, 1829, 2 vol. in-4°.

745 Régime hypothécaire, par Persil, 4e édit. Paris, 1833, 2 vol. in-8°.

746 Traité des priviléges et hypothèques, par Battur. Paris, 1823, 4 vol. in-8°.

747 Des priviléges et hypothèques, par Troplong. Paris, 1833, 4 vol. in-8°.

748 De l'hypothèque légale des femmes mariées sur les conquêts de la communauté, par A. Bertauld. Paris, 1852, in-8°.

749 De la subrogation à l'hypothèque légale des femmes mariées, par Bertauld. Paris, 1853, in-8°.

750 Commentaire de la loi sur la transcription, par Troplong. Paris, 1856, in-8°.

751 Questions théoriques et pratiques sur la transcription en matière hypothécaire, dans l'ordre des articles de la loi du 23 mars 1855, par Rivière et Huguet. Paris, 1856, in-8°.

752 Concordance entre les lois hypothécaires étrangères et françaises, par Anthoine de Saint-Joseph. Paris, 1847, grand in-8°.

753 Traité des prescriptions, par Dunod de Charnage. Paris, 1753, in-4°.

754 Traité des prescriptions, par Vazeilles, 2e édit. Paris, 1832, 2 vol. in-8°.

755 De la prescription, par Troplong. Paris, 1836, 2 vol. in-8°.

CHAPITRE XII.

ARRÊTISTES.

756 Les Olim ou registres des arrêts rendus par la cour du roi et collection de documents inédits sur l'histoire de France, publiés par le comte Beugnot. Paris, 1839.

757 Journal du palais ou recueil des principales décisions

de tous les parlements, par Blondeau et Gueret. Paris, 1713, 2 vol. in-folio.

758 Journal des audiences du parlement avec les arrêts qui y ont été rendus, par Jean Dufresne. Paris, 1733, 7 vol. in-folio.

759 Dictionnaire des arrêts, par Brillon. Paris, 1727, 6 vol. in-folio.

760 Arrêts notables des différents tribunaux du royaume, par Mathieu Augeard. Paris, 1756, 2 vol. in-folio.

761 Journal du parlement de Toulouse. Toulouse, 1758 60. 6 vol. in-4°. Supplément, par Aguier. Nîmes, 1782, 2 vol. in-4°.

762 Arrêts remarquables du parlement de Toulouse, par Catelan. Toulouse, 1705, 2 vol. in-4°.

763 Observations sur les arrêts remarquables du parlement de Toulouse, par Catelan et Vedel. Toulouse, 1747, in-4°.

764 Questions de droit écrit jugées au Parlement de Toulouse, par Maynard (de). Toulouse, 1751, 2 vol. in-8°.

765 La seconde et troisième partie des questions de droit écrit jugées par le parlement de Tholose, par Maynard (de). Paris, 1617, in-4°.

766 De l'arrêt mémorable du Parlement de Tolose, contenant une histoire prodigieuse, par de Coras. Paris, 1696, in-12. (Voir petit discours des parties et office d'un bon et entier juge, n° 381).

767 Louet.—Recueil de plusieurs notables arrêts donnés en la cour du Parlement de Paris, 1678, 2 vol. in-folio.

768 Collection de décisions nouvelles et de notions relatives à la jurisprudence, par Denisart. Paris, 1777, 4 vol. in-4°.

769 Jugements des tribunaux du palais à Paris et des tribubunaux d'appel de la République, an XII, in 8°.

770 Journal du palais, ans XII et XIII. Paris, 4 vol. in-8°.

771 Cour d'appel de Riom. Journal des audiences ou arrêts de la cour de Riom, recueillis par l'ordre des avocats de cette cour, pour ans XII, XIII, 1809, 10, 11, 12, 14, 15, 16, 17, 18, 19, 20, 21, 22, 23, 24, 25 et 26, in-8°.

772 Journal du palais, depuis 1791, 2e édition, 66 vol. in-8°. – Une autre édition, 12 vol. in-4°.

773 La Presse judiciaire, journal du ressort de la cour de Riom, depuis 1839, in-folio.

774 La Gazette des tribunaux, journal de jurisprudence et des débats judiciaires, depuis sa création jusqu'à 1840 incomplet. Complet depuis le 15 juillet 1840.

775 Recueil général des lois et arrêts, depuis 1800 jusques et y compris 1857, par Sirey, 49 vol. in-4°.

776 Jurisprudence du 19e siècle, ou table tricennale du recueil général de Sirey. Paris, 1835, in-4°.

777 Jurisprudence générale du royaume, par Dalloz, depuis 1825.

CHAPITRE XIII.

ACTIONS. — PROCÉDURE CIVILE. — TARIF.

778 Mazuerii practica forensis Parisiis, 1546, in-8°.

779 Traité des actions ou théorie de la procédure privée chez les Romains, exposée historiquement depuis son origine jusqu'à Justinien, par Zimmern, traduit de l'allemand et annoté par L. Etienne. Poitiers, 1843, in-8°.

780 Etudes historiques et critiques sur les actions possessoires, par Esquirou de Parieu. Paris, 1850, in-8°.

781 De l'origine de la possession annale, suivi d'un compte-rendu des études historiques et critiques des actions possessoires, par Smith Valentin. Lyon, 1854, in-8°.

782 Des actions possessoires. Voir traité de la compétence des juges de paix, par Henrion de Pansey, n° 393.

783 Des actions possessoires, par J.-M. Caron, 2e édition. Paris, 1841, in-8°.

784 Traité des jugements, par Poncet. Dijon, 1821, 2 vol. in-8°.

785 Traité des actions possessoires, par Garnier. Paris, 1833, in-8°.

786 Théorie de la procédure civile, par Boncennes. Paris, 1828-34, 3 vol. in-8°.

787 La procédure civile des tribunaux de France, par Pigeau, 5e édition. Paris, 1828, 2 vol. in-4°.

788 Commentaire sur le Code de procédure civile, par Pigeau. Paris, 1827, 2 vol. in-4°.

789 Cours de procédure civile et criminelle, par Berriat-Saint-Prix, 5e édition. Paris, 1825, 3 vol. in-8°.

790 Cours de procédure civile française, par Rauter, 1834, in-8°.

791 Les lois de la procédure civile, par Carré Rennes, 1824, 3 vol. in-4°.

792 Commentaire sur le Code de procédure civile, par Thomine-Desmazures. Caen, 1831, 2 vol. in-4°.

793 Dictionnaire de procédure civile et commerciale, par Bioche et Goujet. Paris, 1834-35, 4 vol. in-8°.

794 Traité général de l'arbitrage en matière civile et com-

merciale, par Goubeau de la Bilennerie. Paris, 1827, 2 vol. in-8°.

795 Traité des référés en France, par Bilhard. Paris, 1834, in-8°.

796 Les lois de la procédure civile, par G.-L.-J. Carré et Chauveau Adolphe. Paris, 1843, 6 vol. in-8°.

797 Code de la saisie immobilière et de toutes les ventes judiciaires de biens immeubles, ou commentaire de la loi du 2 juin 1841, par Chauveau Adolphe. Paris, 1843, 2 vol. in-8°.

798 Note sur le renvoi pour cause d'insuffisance, par L. Barse. Riom, 1845, 49 p. p. in-8°.

799 De la compétence en matière d'opposition à l'exécution forcée des jugements et des actes, par Ancelot. Riom, 1851, 74 p. p. in-8°.

800 Ordonnances sur requêtes et sur référés, selon la jurisprudence du tribunal de première instance du département de la Seine, par de Belleyme. Paris, 1844, in-8°.

801 De l'appel en matière civile. Voir de l'organisation et de la compétence des cours d'appel, par de Fréminville, n° 376.

802 Formulaire général et complet de procédure civile et commerciale annoté de toutes les opinions émises dans les lois de la procédure civile et dans le journal des avoués, par Chauveau Adolphe et Glandaz. Paris, 1854, 2 vol. in-8°.

802 *bis* Manuel de la cour de cassation, par Godard de Saponey, 1 vol. in-8°.

803 Nouveau commentaire sur les ordonnances du mois d'août 1669 et mars 1673, ensemble sur l'édit du mois

de mars 1673 touchant les épices, par Jousse. Paris, 1756, in-12.

804 Tarif de 1688. 8 p. p. in-8°. Riom.

805 Recueil des édits, déclarations, arrêts, tarifs, règlements et instructions concernant les greffes. Paris, 1726, in-4°.

806 Manuel du juge taxateur, par Sudraud-Desisles. Paris, 1827, in-8°.

807 Commentaire du tarif en matière civile, par Chauveau. 1832, 2 vol. in-8°.

808 Tarif relatif aux ventes judiciaires de biens immeubles. Ordonnance du roi du 10 octobre 1841.

809 Lois des commissaires-priseurs et des courtiers, notaires, greffiers et huissiers en qualité de vendeurs de meubles et de marchandises, par L. Jay. Paris, 1846, in-8°.

CHAPITRE XIV.

DROIT COMMERCIAL ET INDUSTRIEL.

810 Le parfait négociant, par Savary. Paris, an VIII, 2 vol. in-4°.

811 Commentaire sur l'ordonnance du commerce, par Jousse, avec des notes par Becane. Paris, 1828, in-4°.

812 Commentaire sur l'ordonnance de la marine, par Valin, avec des notes par Becane. Paris, 1829, in-4°.

813 Législation commerciale. — Voir Locré, n° 590.

814 Cours de droit commercial, par Pardessus, 4e édition. Paris, 1831, 5 vol. in-8°.

815 Exposition raisonnée de la législation commerciale, par Vincens. Paris, 1821, 3 vol. in-8°.

816 Analyse raisonnée du Code de commerce, par Montgalvy et Germain. Paris, 1824, 2 vol. in-4°.

817 Cours de droit commercial maritime, par Boulay-Paty. Paris, 1821-23, 4 vol. in-8°.

818 Des sociétés commerciales, par Delangle. Paris, 1843, 2 vol. in-8°. — V. Troplong, n° 728.

819 Traité du contrat de commission, par Delamarre et Le Poitevin. Paris, 1840, 3 vol. in-8°.

820 Traité des assurances et des contrats à la grosse, par Emérigon et Boulay-Paty. Paris, 1827, 2 vol. in-4°.

821 Des lettres de change et des effets de commerce, par L. Nouguier. Paris, 1851, 2 vol. in-8°.

822 Traité des faillites et banqueroutes, par Boulay-Paty. Paris, 1825, 2 vol. in-8°.

823 Traité des faillites et banqueroutes, par Aug.-Charles Renouard. Paris, 1842, 2 vol. in-8°.

824 Des concordats. — Rapports, discours et commentaire du décret du 22 août 1848, par Bravard-Veyrières. Paris, 1848, 79 p. p. in-8°.

825 Concordance entre les Codes de commerce étrangers et le Code de commerce français, par Anthoine de Saint-Joseph. Paris, 1844, in-4°.

826 Bourses de commerce, agents de change et courtiers de commerce, par Mallot. Paris, 1831, in-8°.

827 Guide de l'inventeur, ou commentaire de la loi du 5 juillet 1844 sur les brevets d'invention, par Th. Homberg. Paris, 1846, in-12.

CHAPITRE XV.

LÉGISLATION SUR DES MATIÈRES SPÉCIALES EN DEHORS DES CINQ CODES.

828 Code forestier, avec un commentaire, par Baudrillart, 2e édit. Paris, 1832. 3 vol. in-12.

829 Code forestier conféré avec la législation et la jurisprudence, par Gagnereaux. Paris, 1827, 2 vol. in-8°.

830 Code forestier conféré et mis en rapport avec la législation qui régit les différents propriétaires et usagers dans les bois, par Curasson. Paris, 1828, 2 vol. in-8°.

831 Commentaire sur le Code forestier, par Garnier-Dubourgneuf et Chanoine. Paris, 1829, in-12

832 Des droits d'usage dans les forêts. — De l'administration des bois communaux et de l'affouage, par Meaume. Paris, 1851, 2 vol. in-8°.

833 Du défrichement et du reboisement, par A. Dufournel. Paris, 1847, in-8°.

834 Manuel de l'adjudicataire et du garde-vente des coupes dans les bois de l'Etat, des communes et des établissements publics, par Meaume. Paris, 1846, 48 p. p. in-8°.

835 Code de la pêche fluviale, avec un commentaire, par Baudrillart. Paris, 1829, 2 vol. in-12.

836 Des biens communaux et de la police rurale et forestière, par Henrion de Pansey. Paris, 1833, in-8°. — Voir n° 671.

837 Le droit rural français, par Vaudoré. Paris, 1823, 2 vol. in-8°.

838 Les lois rurales de la France rangées dans leur ordre naturel, par Fournel. Paris, 1833, 2 vol. in-12.

839 Manuel de droit rural et d'économie agricole, par Valserres (de). Paris, 1848, in-8°.

840 Lois municipales, rurales, administratives et de police, par Duquenel, 2e édit. Paris, 1833, 2 vol. in-8°.

841 Code de la police de la chasse, commenté par Camusat-Busserolles, revu par Franck-Carré. Paris, 1844, in-8°.

842 Code électoral, par Isambert, 2e édit. Paris, 1831, 3 vol. in-8°.

843 Code universitaire, par Rendu. Paris, 1835, in-8°.

844 Traité de la voirie urbaine, par Isambert. Paris, 1825-29, 3 vol. in-12.

845 Traité des chemins vicinaux. — Voir n° 1087.

846 Code voiturin, par Lafargue. — Paris, 1827, in-8°.

847 Code des ponts-et-chaussées et des mines, par Ravinet. Paris, 1829, 3 vol. in-8°.

848 Traité, sous la forme de commentaire, sur la législation des mines, minières, carrières, tourbières, usines, sociétés d'exploitation et chemins de transport, par Peyret-Lallier. Paris, 1844, 2 vol. in-8°.

849 Marine. — Voir droit commercial, n° 812.

850 Traité des brevets d'invention, par Renouard. Paris, 1825, in-8°.

851 Code des poids et mesures, par Broc et Lavenas. Paris, 1835, in-8°.

852 Jurisprudence de la médecine, par Trébuchet. Paris, 1834, in-8°.

853 De la législation spéciale du trésor public en matière contentieuse, par J. Dumesnil. Paris, 1846, in-8°.

854 Code des imprimeurs, libraires, écrivains et artistes, par Pic. Paris, 1825, 2 vol. in-8°.

855 Presse. — Voir au droit criminel, nos 903, 904, 905, 906 et 907.

CHAPITRE XVI.

STATISTIQUE JUDICIAIRE CIVILE.

856 Compte général de l'administration de la justice civile et commerciale en France. — Années 1825 et suiv., in-4°.

CHAPITRE XVII.

DROIT CRIMINEL.

857 Esquisse historique de la législation criminelle des romains, par Féréol-Rivière. Paris, 1824, in-8°.

858 Etudes historiques sur la législation criminelle en France. — Voir Couturier de Vienne, n° 430.

859 Discours sur la justice criminelle, par Servan. — Voir n° 1218.

860 Dictionnaire de la pénalité dans toutes les parties du monde connu, par Saint-Edme. Paris, 1828, 5 vol. in-8°, avec figures.

861 Théorie des peines et des récompenses. — Voir t. 2 des œuvres de Bentham, n° 1303.

862 Traité de la législation pénale. — Voir t. 3 des œuvres de Bentham, n° 1303.

863 Des délits et des peines, par Beccaria. Paris, 1821, in-8°.

864 De l'amélioration de la loi criminelle en vue d'une justice plus prompte, plus efficace, plus généreuse et plus moralisante, par A. Bonneville. Paris, 1855, in-8°.

865 De l'indulgence en matière criminelle, par Letourneux (discours prononcé le 4 novembre 1846).

866 Traité des actions publique et privée qui naissent des contraventions, des délits et des crimes, par Lesellyer. Paris, 1842, 6 vol. in-8°.

867 Traité de l'action publique et de l'action civile en matière criminelle, par Mangin. Paris, 1837, 2 vol. in-8°.

868 Sur les fonctions du ministère public (voir les n°s 368, 369, 370, 371 et 372).

869 Les lois criminelles de France dans leur ordre naturel, par Muyart de Vouglans. Paris, 1780, in-folio.

870 Traité de la justice criminelle de France, par Jousse. Paris, 1771, 4 vol. in-4°.

871 Traité des matières criminelles, par Guy du Rousseau de la Combe. Paris, 1785, in-4°.

872 Code criminel, par Serpillon. Lyon, 1767, 2 vol. in-4°.

873 Législation criminelle de la France. — Voir Locré, n° 590.

874 Dictionnaire du droit criminel, par Morin. Paris, 1824, in-4°.

875 Répertoire général et raisonné du droit criminel, par Morin. Paris, 1851, 2 vol. grand in-8°.

876 Traité de la législation criminelle en France, par Legraverend, 3e édit. Paris, 1830, 2 vol. in-4°.

877 Corps de droit criminel, par Mars. Paris, 1820, 2 vol. in-4°.

878 Jurisprudence des Codes criminels, par Bourguignon. Paris, 1825, 3 vol. in-8°.

879 Code d'instruction criminelle et Code pénal expliqués par la jurisprudence progressive de la Cour de cassation, par Grattier. Paris, 1834, in-8°.

880 Lois d'instruction criminelle et pénale, ou appendice aux codes criminels, par Garnier-Dubourgneuf et Chanoine. Paris. 1826-30, 4 vol. in-8°.

881 Code d'instruction criminelle et Code pénal. — Texte officiel de 1832.

882 Rapport sur des modifications à introduire dans le code d'instruction criminelle, par Chasteau-Dubreuil. Riom, 1846, 90 p. p. in-8°.

883 Traité des procès-verbaux en matière de délits et de contraventions, par Mangin, précédé d'une introduction par Faustin-Hélie. Paris, 1839, in-8°.

884 De l'instruction écrite et du règlement de la compétence en matière criminelle, par Mangin, ouvrage revu et annoté par Faustin-Hélie; augmenté de la jurisprudence Belge. Paris, 1847, 2 vol. in-8°.

885 Traité de l'instruction criminelle, ou théorie du code d'instruction criminelle, par Faustin-Hélie. Paris, 1845 (L'ouvrage est en cours de publication).

886 Manuel du juge d'instruction, par Duverger. Paris, 1844, 3 vol. in-8°.

887 Indication sommaire des opérations pratiques des maires et adjoints des communes, considérés comme officiers publics de police préventive, de justice criminelle et de juridiction de simple police, par Benoid. Riom, 1841, 100 p. p. in-8°.

888 Traité théorique et pratique des preuves en droit criminel. — Voir Bonnier, n° 714.

889 Théorie du jury, ou observations sur le jury et sur les institutions judiciaires criminelles anciennes et modernes, par F. Oudot. Paris, 1843, in-8°.

890 De l'esprit public dans l'institution du jury et des moyens d'en empêcher la ruine, par de la Cuisine. Paris, 1845, in-8°.

891 Des pouvoirs et des obligations des jurys, traduit de l'anglais de Philips, par Comte. Paris, 1828, in-8°.

892 Traité du pouvoir judiciaire dans la direction des débats criminels, par de la Cuisine. Dijon, 1843, in-8°.

893 Traité de la procédure devant les cours d'assises, par Cubain. 1851, in-8°.

894 Manuel des cours d'assises, résolvant, d'après la jurisprudence de la cour de cassation et des cours d'assises, les questions qui se présentent dans les affaires soumises au jury, par Perrève. Paris, 1855, grand in-8°.

895 Des qualités et des devoirs d'un président de cour d'assises, par Gaillard. Paris, 1833, in-8°.

896 Aide-mémoire d'un président d'assises, par Dufour (le baron). Paris, 1845, 124 p. p. in-4°.

897 De la procédure criminelle devant le jury, ou traité pratique de la présidence des cours d'assises, par de Fréminville. Clermont-Ferrand, 1855, in-8°.

898 Des frais de justice en matière criminelle, correctionnelle et de police, par Dalmas. Paris, 1834, in-8°.

899 Commentaire sur le code pénal, par Carnot, 2e édit. Paris, 1836, 2 vol. in-4°.

900 Théorie du code pénal, par Chauveau Adolphe et Faustin-Hélie. Paris, 1837, 8 vol. in-8°.

900 *bis* Traité du droit pénal, par Rossi. Paris, 1829, 3 vol. in-8°.

901 Code pénal de l'empire d'Autriche, traduit par Victor Foucher. Paris, 1833, in-8°.

902 Code criminel du Brésil, traduit par V. Foucher. Paris, 1834, in-8°.

903 Discussions sur la liberté de la presse qui ont eu lieu dans le conseil d'Etat en 1808, 9, 10 et 11, par Locré. Paris, 1829, in-8°.

904 Lois de la presse en 1834, par Paraut. Paris, 1835, in-8°.

904 *bis* Traité des délits et contraventions de la parole, de l'écriture et de la presse, par Chassan. Colmar, 1837, 3 vol. in-8°.

905 Commentaire sur les lois de la presse et des autres moyens de publication, par Grattier. Paris, 1839, 2 vol. in-8°.

906 Commentaire sur les lois de la presse. — Observations en réponse aux attaques de M. Chassan, par Grattier. Paris, 1847, 96 p. p. in-8°.

907 Traité de la diffamation, de l'injure et de l'outrage, par Grellet-Dumazeau. Riom, 1847, 2 vol. in-8°.

908 Jurisprudence criminelle du royaume depuis 1829, par Chauveau et Achille Morin.

908 *bis* Table analytique des arrêts de la Cour de cassation rendus en matière criminelle, depuis le 1er vendémiaire an 7 (1798) jusqu'au 31 décembre 1856, rédigée par Emile Duchesne, t. 1er. Paris, 1857.

909 Traité de médecine légale, par Foderé. Paris, 1813, 6 vol. in-8°.

910 Leçons de médecine légale, par Orfila, 2e édit. Paris, 1828, 3 vol in-8°.

911 Traité des exhumations juridiques, par Orfila et Lesueur. Paris, 1831, 2 vol. in-8°.

912 Médecine légale théorique et pratique, par Alph. Devergie. Paris, 1852, 3 vol. in-8°.

913 Médecine légale relative aux aliénés, par Hoffbauër, avec des notes, trad. par Chambeyron, par Esquirol et Itard. Paris, 1827, in-8°.

914 Des aliénés dans les prisons et devant la justice, par le docteur Vingtrinier. Paris, 1852, in-8°.

915 De l'infanticide dans ses rapports avec la loi, la morale, la médecine légale et les mesures administratives, par Chatagnier. Paris, 1855, in-8°.

916 Exposé succinct des circonstances médico-légales d'une affaire d'empoisonnement par l'arsenic, avec des réflexions, par Hyp. Aguilhon. Paris, 1851, 23 p. p. in-8°.

917 Mémoire sur un cas d'empoisonnement par l'arsenic, par Hyp. Aguilhon et J. Barse. Riom, 1840, 52 p. p. in-8°.

918 Accusation d'empoisonnement par le plomb. Paris, 1843, in-8°.

919 Procès célèbres de la révolution, par Guichard. Paris, 1814, 2 vol. in-8°.

920 Acte d'accusation dans le procès du général Moreau, Georges Cadoudal et quarante-cinq autres co-accusés.

921 Recueil des interrogatoires subis par le général Moreau, des interrogatoires de quelques-uns de ses co-accusés, des procès-verbaux de confrontation et autres pièces produites au soutien de l'accusation dirigée contre ce général. Paris, prairial an XII, in-8°.

922 Réquisitoire de M. Franck-Carré, procureur-général, dans l'affaire des 12 et 13 mai 1839, 38 p. p. in-8°.

923 Rapport fait à la Cour des pairs par le baron Girod (de l'Ain), sur l'instruction de l'attentat du 15 octobre 1840. 87 p. p. in-8°.

924 Procédure à l'occasion des troubles de Clermont en septembre 1841.

925 Attentat et complot du 13 septembre 1841. — Cour des pairs. 17 p. p.

926 Compte-rendu des débats de l'affaire Marcellange, où figurent Besson et les dames de Chamblas. — Cour d'assises du Puy-de-Dôme. 1840, 132 p. p. in-8°.

927 Compte-rendu des débats de l'affaire de Françoise Servel, accusée d'avoir empoisonné son mari et ses deux enfants. Le Puy, Moulins, Riom, 1842, 117 p. p in-8°.

928 Rapport de la commission d'enquête sur l'insurrection qui a éclaté le 23 juin et sur les événements du 15 mai 1848. Paris, 1848, 3 vol. in 4°.

929 Compte général de l'administration de la justice criminelle en France pendant les années 1825 et suiv. Paris, in-4°.

930 Examen des comptes de l'administration de la justice criminelle, publiés depuis 1825 jusqu'en 1843, par Vingtrinier. Rouen, 1846, 94 p. p. in-8°.

931 Etat de la criminalité et de la répression dans le ressort de la Cour royale de Riom, et principalement dans le département de la Haute-Loire, par Dumolin. Clermont-Ferrand, 1843, 28 p. p. in-8°.

932 Considérations sur la situation morale de la France d'après les statistiques criminelles, par Enjubault. Clermont, 1857, 86 p. p. in-8°.

CHAPITRE XVIII.

POLICE.

933 Dictionnaire, ou traité de la police générale, par Edme de Lapoix de Fréminville. Paris. 1758, in-4°.

934 Traité de la police, par Delamarre. Paris, 1722, 4 vol. in-folio.

935 Nouveau dictionnaire de police, par Trébuchet, Élouin et Labat. Paris, 1834-35, 2 vol. in-8°.

936 Ordonnances de police depuis 1800 jusqu'à 1844, par Delessert. Gabriel. Paris, 1844, 4 vol. in-8°.

CHAPITRE XIX.

DROIT ADMINISTRATIF.

937 Institutes du droit administratif français, par de Gerando. Paris, 1831, 4 vol in-8°.

938 Traité général de droit administratif appliqué ou exposé de la doctrine et de la jurisprudence concernant l'exercice de l'autorité du roi, des ministres, des préfets, des maires, des conseils de préfecture, du conseil d'Etat, les ateliers insalubres, les bacs et bateaux, les chemins vicinaux, les communes, les conflits, les contributions, les cours d'eau, etc., par Gabriel Dufour. Paris, 1843, 4 vol. in-8°.

939 Questions de droit administratif, par de Cormenin, 2e édit. 1823, 2 vol. in-8°.
(*Id.* 3e édit. 1826, 2 vol. in-8°).

940 Principes de compétence et de juridiction administrative, par Chauveau Adolphe. Paris, 1841, 3 vol. in-8°.

941 Droit public administratif français, par Bouchené-le-Fer. Paris, 1830-35, 3 vol. in-8°.

942 Éléments de droit public administratif, par Foucart. Paris, 1834-35, 2 vol. in-8°.

943 Lois administratives. — Voir Duquenel, n° 840.

944 Droit, procédure et jurisprudence en matière administrative, par Lemarquière. Paris, 1843, in-8°.

945 Commentaire sur l'ordonnance des conflits, par Taillandier. Paris, 1829, in-8°.

946 Cours de droit administratif appliqué aux travaux publics, par Cotelle. Paris, 1834, 2 vol. in 8°.

947 Traité juridique de la construction, de l'exploitation et de la police des chemins de fer, par Eugène Paignon. Paris, 1853, in-12.

948 Code administratif des établissements dangereux, insalubres ou incommodes, par Trébuchet. Paris, 1832, in-8°.

949 De la juridiction du conseil d'Etat, de ses attributions et de sa composition selon le projet de loi du 1er février 1840, et les amendements de la chambre des députés, par A. Vidaillan (de). Paris, 1841, in-8°.

950 Jurisprudence administrative. — Conseil d'Etat. — Cour des comptes, etc., années, 1837, 1838, 1839, 1845, par Ledru-Rollin. in-8°.

951 Jurisprudence du conseil d'Etat, depuis 1806 jusqu'à la fin de 1820, par Sirey. Paris, 1818-23, 5 vol. in-4°.

952 Recueil des arrêts du conseil depuis 1821, par Macarel et Deloche. 16 vol. in-8°.

CHAPITRE XX.

DROIT MUNICIPAL.

953 Histoire du droit municipal en France sous la domination romaine et sous les trois dynasties, par Raynouard. Paris, 1829, 2 vol. in-8° (deux exemplaires).

954 Biens communaux. — Voir Henrion de Pausey, n° 836.

955 Lois municipales. — Voir Duquénel, n° 840.

CHAPITRE XXI.

DROIT ÉTRANGER.

956 Esprit, origine et progrès des institutions judiciaires des principaux pays de l'Europe, par Meyer. Paris, 1823, 5 vol. in-4°. — Voir histoire du droit, n° 420.

957 Histoire des institutions de Moïse et du peuple hébreux, par Salvador. Paris, 1828, 3 vol. in-8°.

958 Législation commerciale étrangère. — Voir l'ouvrage d'Anthoine de Saint-Joseph, n° 825.

959 Code civil de l'empire de Russie, traduit sur les éditions officielles par un jurisconsulte russe, précédé d'un aperçu historique, par V. Foucher. Rennes, 1841, in-8°.

960 Droit anglais, par Laya. Paris, 1845, 2 vol. in-8°.

961 De l'administration de la justice criminelle en Angleterre et de l'esprit du gouvernement anglais, par Cottu. Paris, 1820, in-8°.

962 Commentaire sur les lois anglaises, par Blackstone, traduit par Chompré. Paris, 1822, 6 vol. in-8°.

963 De la jurisprudence anglaise sur les crimes politiques, par Montvéran. Paris, 1829, 3 vol. in-8°.

964 Code civil de l'empire d'Autriche, traduit par A. de Clercq. Paris, 1837, in-8°.

965 Code pénal de l'empire d'Autriche, traduit par V. Foucher. Paris, 1833, in-8°.

966 Codes de commerce et de procédure du royaume d'Espagne, précédés d'une introduction par V. Foucher. Paris, 1838, in-8°.

967 Code criminel du Brésil, traduit par V. Foucher. Paris, 1834, in-8°.

968 Mémoire sur l'organisation de l'enseignement du droit en Hollande et sur les garanties d'instruction juridique exigées, dans ce pays, des aspirants à certaines fonctions ou professions, par Blondeau. Paris, 1846, in-8°.

969 Code de commerce du royaume de Hollande, traduit par Willem Wintgens. Paris, 1839, in-8°.

970 Coup d'œil sur l'ancienne législation de la Corse. — Traduction de l'introduction de l'ouvrage de G.-C. Gregorj, intitulé : « Recueil des anciens statuts civils et criminels de l'île de Corse, » par Garnier-Dubourgneuf. Paris, 1844, 146 p. p. in-8°.

971 Statuti civili e criminali di Corsica, publicati, con addizioni inedite, e con una introduzione, per munificenza del conte Carlo-Andrea Pozzo di Borgo, da Gio. Carlo Gregorj. Lione, 1843, in-8°.

972 Lois de la procédure criminelle et lois pénales du royaume des Deux-Siciles, traduites par Victor Foucher. Rennes, 1836, in-8°.

973 Code civil du royaume de Sardaigne, par le comte Portalis. Paris, 1844, in-8°.

CHAPITRE XXII.

AVOCATS. — BARREAU.

974 Le barreau romain. — Recherches et études sur le barreau de Rome, depuis son origine jusqu'à Justinien, et particulièrement au temps de Ciceron, par Grellet-Dumazeau. Moulins, 1851, in-8°.

975 Tableau du barreau ancien et du barreau moderne. — Discours prononcé par Maurice Leyragne à la séance d'ouverture des conférences des avocats stagiaires près la Cour impériale de Riom, le 10 novembre 1853, 36 p. p. in-8°.

976 Pasquier, ou dialogue des avocats du Parlement de Paris, par Ant. Loisel, avec une introduction et des notes, la suite chronologique des plus notables avocats depuis l'an 1600 jusqu'à ce jour, et des notices biographiques sur Pasquier, Loisel et autres, par Dupin aîné. Paris, 1844, in-18.

977 Le barreau, par Pinard. Paris, 1843, in-8°.

978 Profession d'avocat, par Dupin. 2 vol. in-8°. Paris, 1832.

979 Histoire des avocats, par Fournel. Paris, 1813, 2 vol. in-8°.

CHAPITRE XXIII.

NOTARIAT.

980 Jurisprudence et stile du notaire, par Massé et Lherbette. Paris, 1823-30, 9 vol. in-8°.

981 Répertoire de la jurisprudence du notariat, par Rolland de Villargues. Paris, 1831, 7 vol. in-8°.

982 Nouveau répertoire de la jurisprudence et de la science du notariat, depuis son organisation jusqu'à présent, contenant, dans l'ordre alphabétique, l'extrait et l'analyse des meilleurs ouvrages, avec des notes et des formules, par J.-J.-S. Serieys. Paris, 1828, in-8°.

982 *bis* Législation et jurisprudence du notariat, résumées en 100 tableaux synoptiques, avec observations sur la pratique et la doctrine, par Ludger Bruno, notaire, suivies d'un ancien ouvrage : le Code Napoléon, réduit en la même forme. Riom, 1857, 1 vol. grand in-4°.

CHAPITRE XXIV.

ENREGISTREMENT.

983 Dictionnaire général des droits d'enregistrement, de timbre et de greffe, des hypothèques et des mutations, par Roland et Trouillet. Paris, 1823, in-4°.

984 Dictionnaire des droits d'enregistrement, de timbre, de greffe et d'hypothèque, 2e édit., 1828-34, 2 vol. in-4°.

985 Du droit de mutation par décès. — Conclusions présentées devant la Cour impériale d'Angers, audience du 26 décembre 1855, par M. Eugène Talbot, avocat-général. Angers, 1856, 31 p. p. in-8°.

986 Droit de mutation par décès. — Arrêt de la Cour impériale de Riom, précédé d'un extrait des conclusions de M. Pommier-Lacombe, premier avocat-général. Riom, 1856, 75 p. p. in-8°.

LIVRE IV.

MORALE. — MÉTAPHYSIQUE. — PHILOSOPHIE.

CHAPITRE Ier.

MORALE.

987 De la connaissance de Dieu. — Voir t. 34 des œuvres de Bossuet, n° 1304.

988 Introduction aux principes de morale. — Voir 2 vol. des œuvres de Bentham, n° 1303.

989 Lettres morales. — Voir t. 13 des œuvres de Platon, n° 1317.

990 De la sainteté. — Voir t. 1 des œuvres de Platon, n° 1317.

991 De la prière. — Voir t. 5 des œuvres de Platon, n° 1317.

992 De la vertu.— Voir t. 6 des œuvres de Platon, n° 1317.

993 Du courage. — Voir t. 5 des œuvres de Platon, n° 1317.

994 De l'amitié.—Voir t. 4 des œuvres de Platon, n° 1317.

995 Recherches sur le suicide, par G.-F. Étoc-Demazy. Paris, 1844, in-8°.

996 Histoire de l'éducation en France, par Théry. Clermont, 1857, in-8°.

CHAPITRE II.

MÉTAPHYSIQUE.

997 Principes métaphysiques de la morale, par Emmanuel Kant. Paris, 1854, in-8°.

998 De l'âme. —Voir t. 1 des œuvres de Platon, n° 1317.

999 Des idées.—Voir t. 12 des œuvres de Platon, n° 1317.

1000 Critique de la raison pure, par Emm. Kant. 1845, 2 vol. in-8°.

1001 Méditations métaphysiques. — Voir t. 1, p. 51 des œuvres de d'Aguesseau, n° 1301.

1002 Des sophismes et des sophistes. — Voir t. 3 des œuvres de Platon, n° 1317.

1003 De la nature de l'homme. — Voir t. 5 des œuvres de Platon, n° 1317.

1004 De la connaissance de soi-même. — Voir t. 34 des œuvres de Bossuet, n° 1304.

1005 De l'amour. — Voir t. 6 des œuvres de Platon, n° 1317.

1006 Du plaisir. — Voir t. 2 des œuvres de Platon, n° 1317.

CHAPITRE III.

PHILOSOPHIE.

1007 De la philosophie. — Voir t. 5 des œuvres de Platon, n° 1317.

1008 Traités de philosophie. — Voir t. 36, p. 443 des œuvres de Cicéron, n° 1306.

1009 Boëce. — De consolatione philosophicâ. — Voir Panthéon littéraire, t. 32. Paris, 1835.

1010 Bacon. — Œuvres philosophiques. — Panthéon littéraire, t. 36. Paris, 1836.

1011 Lettres philosophiques. — Dictionnaire philosophique. — Voir t. 37, p. 117 à 276, et t. 66, p. 141 des œuvres de Voltaire, n° 1319.

1012 Contes philosophiques. — Voir Voltaire, n°s 1280 et 1319.

1013 Histoire comparée des systèmes de philosophie, considérés relativement aux principes des connaissances humaines, par de Gerando. Paris, 1832, 4 vol. in-8°. Autre édition. Paris, 1847, 4 vol. in-8°.

1014 Manuel de philosophie à l'usage des élèves qui suivent les cours de l'Université, par C. Mallet. Paris, 1835, in-8°.

1015 Origine et fondement de la liberté, de l'égalité et de la fraternité parmi les hommes. — Histoire de la charité pendant les quatre premiers siècles de l'ère chrétienne, par Martin-Doisy. Paris, 1848, in-8°.

1016 De la sagesse. — Voir t. 5 des œuvres de Platon, n° 1317.

1017 Charron. — De la sagesse. — Panthéon littéraire, t. 39. Paris, 1836.

1018 Montaigne (Michel). — Essais. — Panthéon littéraire, t. 38. Paris, 1837.

1019 Pascal (Blaise). — Pensées. — Panthéon littéraire, t. 39. Paris, 1836.

1020 Descartes. — Œuvres philosophiques. — Panthéon littéraire, t. 37. Paris, 1838.

1021 Vauvenargues. — Ses œuvres. — Panthéon littéraire, t. 39. Paris, 1836.

1022 La Bruyère.—Des caractères de ce siècle.—Panthéon littéraire, t. 39. Paris, 1836.

1023 La Rochefoucauld (de). — Sentences et maximes. — Panthéon littéraire, t. 39. Paris, 1836.

1024 L'Emile. — Traité philosophique sur l'éducation. — Voir t. 8 et 9 des œuvres de J.-J. Rousseau, n° 1318.

1025 Juste-Lipse. — De constantiâ libri duo. In-folio.

1026 De l'usage et de l'abus de l'esprit philosophique durant le XVIIIe siècle, par J.-E.-M. Portalis, précédé d'un essai sur l'origine, l'histoire et les progrès de la littérature française et de la philosophie, par le comte Portalis, 3e édit. Paris, 1834, 2 vol. in-8°.

LIVRE V.

ÉCONOMIE POLITIQUE.

CHAPITRE Ier.

SCIENCE SOCIALE. — PRINCIPES GÉNÉRAUX. — CONSTITUTIONS.

1027 Théorie et pratique de la science sociale, par Auguste Rey. Paris, 1842, 3 vol. in-8°.

1028 Histoire de l'organisation de la famille en France depuis les temps les plus reculés jusqu'à nos jours, par Kœnigswarter. Paris, 1851, in-8°.

1029 De l'origine de l'inégalité parmi les hommes. — Voir t. 4 des œuvres de J.-J. Rousseau, n° 1318.

1030 Contrat social. — Voir t. 5 des œuvres de J.-J. Rousseau, n° 1318.

1031 La République. — Voir t. 9 et 10 des œuvres de Platon, n° 1317.

1032 Du devoir du citoyen. — Voir t. 1 des œuvres de Platon, n° 1317.

1033 De la politique ou de la royauté. — Voir t. 11 des œuvres de Platon, n° 1317.

1034 Bacon. — Œuvres politiques. — Panthéon littéraire, t. 36 Paris, 1836.

1035 Machiavel. — Ses œuvres. — Panthéon littéraire, t. 30 et 31. Paris, 1837.

1036 Discours sur l'irréflexion et le respect humain en matière d'opinions politiques. — Discours prononcé le 4 novembre 1841, par Grellet-Dumazeau.

1037 Principes d'économie politique, par Sismondi. Paris, 1827, 2 vol. in-8°.

1038 Éléments d'économie politique, par Droz. Paris, 1829, in-8°.

1039 Cours d'économie politique, par J.-B. Say. Paris, 1828, 6 vol. in-8°.

1040 De la richesse des nations, par Smith, traduit par G. Garnier. Paris, 1822, 6 vol. in-8°.

1041 De l'abolition de l'esclavage, par une société instituée en 1834. Paris, 1845-46, 3 vol. in-8°.

1042 De la propriété et du communisme, par Dumiral. — Discours prononcé le 3 novembre 1849.

1043 Traité de la propriété, par Comte. Paris, 1834, 2 vol. in-8°.

1044 Dictionnaire des institutions de la France. — Voir Cheruel, n° 209.

1045 Histoire des institutions Mérovingiennes et Carlovingiennes, par J.-M. Lehuërou. Paris, 1843, 2 vol. in-8°.

1046 Théorie des lois politiques de la monarchie française, par mademoiselle de Lézardière. Paris, 1844, 4 vol. in-8°.

1047 Des assemblées nationales en France, depuis l'établissement de la monarchie jusqu'en 1614, par Henrion de Pansey. Paris, 1829, in-8°.

1048 Histoire de l'administration et des progrès du pouvoir royal, depuis le règne de Philippe-Auguste jusqu'à la mort de Louis XIV, par Dareste de la Chavanne. Paris, 1848, in-8°.

1049 Constitutions de la nation française, par Lanjuinais. Paris, 1819, 2 vol. in-8°.

1050 Collection des constitutions des peuples de l'Europe. Paris, 1830, 6 vol. in-8°.

1051 Cours de législation gouvernementale et études scientifiques sur les gouvernements de la France, depuis 1789 jusqu'à nos jours, par Gustave Albitte. Paris. 1835, in-8°.

1052 Œuvres de Louis XIV. — Mémoires historiques et politiques. Paris, 1806, 6 vol. in-8°.

1053 Documents inédits sur l'histoire de France.—Correspondance administrative sous le règne de Louis XIV entre le cabinet du roi, les secrétaires d'Etat, le chancelier de France, par G.-B. Depping. Paris, 1850-55, 4 vol. in-4°.

Une autre édition. Paris, 1852, 3 vol. in-4°.

1054 Considérations sur le Gouvernement ancien et présent de la France, par le marquis d'Argenson. Amsterdam, 1784, in-8°.

1055 Œuvres de Turgot avec notes de Dupont (de Nemours), augmentées de lettres inédites, des questions sur le commerce, par Eugène Daire et Hypp. Dussard, précédées d'une notice sur la vie et les ouvrages de Turgot, par Eugène Daire. Paris, 1844, 2 vol. grand in-8°.

1056 Histoire de la vie et de l'administration de Colbert, précédée d'une étude historique sur Nicolas Fouquet, par Pierre Clément. Paris, 1846, in-8°.

1057 Une province sous Louis XIV, par Alexandre Thomas. Paris, 1844, in-8°.

1058 Institutions provinciales, communales et corporations, par Just Paquet. Paris, 1835, in-8°.

1059 Histoire complète des États généraux et autres assemblées représentatives de France, depuis 1302 jusqu'en 1626, par A. Boullée. Paris, 1845, 2 vol. in-8°.

1060 Des États de France. — Voir t. 1, p. 322 des œuvres de Coquille, n° 538.

1061 Histoire des États généraux et des institutions représentatives en France, depuis l'origine de la monarchie jusqu'à 1789, par A.-C. Thibaudeau. Paris, 1843, 2 vol. in-8°.

1062 Les États provinciaux sous Louis XIV, par Alph. Grun. Paris, 1853, 47 p. p. in-8°.

1063 Correspondance entre le comte de Mirabeau et le comte de la Marck, pendant les années 1789, 1790 et 1791, mise en ordre et publiée par de Bacourt. Paris, 1851, 3 vol. in-8°.

1064 Du régime constitutionnel, par Hello, 2e édit. Paris, 1830, in-8°.

1065 Des élections. — Voir Isambert, n° 842.

1066 Discussion de l'adresse dans les deux chambres. — Extraits des annales du Parlement français, session de 1841, in-4°.

1067 Discours du général Foy, précédé d'une notice biographique par Tissot, d'un éloge par Etienne, et d'un essai sur l'éloquence politique en France, par Jay. Paris, 1826, 2 vol. in-8°.

1068 L'Algérie et son organisation en royaume, par Bardy. Riom, 1852, 165 p. p. in-8°.

1069 Circulaire adressée le 15 juin 1842 aux électeurs du collége *extra-muros* de Limoges, par G. Bardy. Limoges, 1842, 8 p. p. in-8°.

1070 Choix de rapports, opinions et discours prononcés à la tribune nationale. Paris, 1818-22, 23 vol. in-8°.

1071 Administration départementale. — Constitution et pouvoirs des conseils généraux et des conseils d'arrondissement, par Thibaut-Lefebure. Paris, 1843, in-8°.

1072 Analyse des procès-verbaux des conseils généraux de département. Paris, in-4°. (Incomplet).

1073 Essai sur l'administration municipale des Romains, par Migneret. Paris, 1846, in 8°.

1074 Traité du gouvernement des biens et affaires des communautés d'habitants des villes, bourgs, villages et paroisses du royaume, par Edme de Lapoix de Fréminville. Paris, 1760, in-4°.

1075 Biens communaux. — Voir aux traités spéciaux sur le droit, n°s 670, 671.

1076 Du pouvoir municipal, par Henrion de Pansey. Paris, 1833, in-8°.

1077 Formulaire municipal, par Miroir. Grenoble, 1829. (Cet ouvrage est sous la forme de dictionnaire. — La Bibliothèque ne possède que les trois premiers volumes, et la première partie du quatrième comprenant les lettres Dag-Dis).

CHAPITRE II.

Administration. — Matières spéciales.

§ Ier.

POPULATION. — STATISTIQUE.

1078 De la statistique, par Smith Valentin. Lyon, 1854, 70 p. p. in-8°.

1079 Almanach royal. — Années 1835 et suivantes. — Manque celui de 1838.

1080 Almanach Impérial. — Années 1852 et suiv.

1081 Annuaires du département du Puy-de-Dôme et des départements du ressort de la Cour.

§ II.

SANTÉ PUBLIQUE.

1082 Sur la mission de l'administration en ce qui concerne la santé publique. — Voir les ouvrages généraux sur la législation administrative et notamment de Gerando, n° 937 ; Dufour, n° 938 ; Trébuchet, n° 948.

1083 Considérations sur la nature du choléra observé en 1849 dans l'arrondissement de Riom (Puy-de-Dôme), suivies d'une relation d'épidémie dyssentérique, par J.-J.-H. Aguilhon. Paris, 1850, 63 p. p. in-8°.

1084 Notice sur l'épidémie du choléra-morbus qui a ravagé le département du Puy de-Dôme en 1849, par V. Nivet et H. Aguilhon. Paris, 1851, in-8°.

1085 Recherches sur les causes d'insalubrité de la commune de St-Ours (Puy-de-Dôme), par H. Aguilhon. Paris, 1856, 50 p. p. in-8°.

1086 Rapport sur le travail de la commission créée par le roi de Sardaigne pour étudier le goitre et le crétinisme, suivi de considérations propres à éclairer la même question dans le département du Puy-de-Dôme, par H. Aguilhon. Clermont, 1851, 64 p. p. in-8°.

§ III.

CHEMINS. — CANAUX.

1087 Sur la législation des chemins, en ce qui concerne l'administration.—Voir de Gerando, n° 937; Dufour, n° 938.

1088 Chemins de fer. Paris, 1843, 236 p. p. grand in-8°.

1089 De la construction des chemins de fer par l'Etat, par Smith. Clermont, 1838, in-8°.

1090 Des chemins de fer. — Voir Paignon, n° 947.

1091 Observations présentées au nom du conseil municipal de Clermont-Ferrand en faveur du chemin de fer du Centre de Paris à Clermont, rédigées par Smith. Clermont-Ferrand, 1842, 46 p. p. in-8°.

1092 Rapport du comte Martha-Beker et délibération de la commission d'enquête du Puy-de-Dôme sur les tracés comparatifs du chemin de fer de Paris à

Clermont entre le Bec-d'Allier et Moulins. Clermont-Ferrand, 1846, in-8°.

1093 Des canaux de navigation et spécialement du canal de Languedoc, par Lalande. Paris, 1778, avec planches, in-folio.

§ IV.

AGRICULTURE. — COMMERCE ET MANUFACTURES. — MINES.

1094 Manuel d'économie agricole. — Voir Valserres (de), n° 839.

1095 Annuaire du cultivateur, par Rome. — An III.

1096 Rapport de M. Boudet de Bardon sur l'état de l'agriculture dans l'arrondissement de Riom, et sur les prix d'encouragement décernés par le Comice agricole. 89 p. p. in-8°.

1097 Compte-rendus des travaux du Comice de Riom pendant les années 1840 et 1842, présentés par F. Jusseraud, dans les séances des 7 mars 1841 et 20 avril 1843.

1098 Appel au Gouvernement et aux Chambres sur notre marine marchande, par Fonmartin de l'Espinasse. Paris, 1846, in-8°.

1099 Des intérêts maritimes et de leur protection, par Campan Bordeaux, 1847, 38 p. p.

1100 Tableau général du commerce de la France avec ses colonies et les puissances étrangères pendant l'année 1832. Paris, 1833, in-folio.

1101 Tableau général du commerce de la France avec ses

colonies et les puissances étrangères pendant l'année 1844. Paris, 1845, in-folio.

1102 Planche (de la). — Livre des marchands. — Voir Panthéon littéraire, t. 14. Paris, 1836.

1103 Compagnie pour l'exploitation de la filature de chanvre de Saint-Martin-lès-Riom, sous la raison sociale Edouard Albert et Compagnie. Clermont-Ferrand, 1846, 16 p. p. in-8°.

1104 Mines. — Voir législation sur des matières spéciales, n°s 847, 848.

1105 Tarif d'intérêts. — Riom, 1812, in-8°.

§ V.

FINANCES.

1106 Voir législation sur des matières spéciales, n° 853.

1107 Histoire financière de la France depuis l'origine de la monarchie jusqu'à la fin de 1786, avec un tableau général des anciennes impositions et un état des recettes et des dépenses du Trésor royal à la même époque, par Bailly, Paris, 1830, 2 vol. in-8°.

1107 *bis* Histoire des impôts généraux sur la propriété et le revenu, par Esquirou de Parieu. Paris, 1856, in-8°.

1108 Le livre rouge. — Registre des dépenses secrètes de la Cour. Paris, 1793, in-8°.

1109 Compte général des revenus et des dépenses fixes de l'Etat au 1er mai 1789, avec un tableau à l'appui. Paris, 1789, in-4°.

1110 Rapport au roi sur l'administration des finances, présenté par le comte de Chabrol le 15 mars 1830, suivi du recueil des tableaux et documents statistiques sur les diverses parties des finances, in-4°.

1111 Proposition des lois concernant la fixation des budgets de recettes et de dépenses de l'Exercice de 1838. Paris, 1837, in-4°.

1112 Comptabilité des dépenses départementales pour le département du Puy-de-Dôme, année 1834, et budget de report sur 1836.

1113 Comptabilité des dépenses départementales pour le département du Puy-de-Dôme, pour l'année 1844.

1114 Traité des droits d'entrée et d'octroi de la ville de Paris, par Alluard. Paris, 1834, in-8°.

1115 Code des perceptions municipales de la ville de Paris et de ses établissements publics productifs, par H. Durieu. Paris, 1844, in-8°.

§ VI.

ORGANISATION DU TRAVAIL. — PAUPÉRISME ET MENDICITÉ. — SECOURS. — ENFANTS TROUVÉS. — POMPES FUNÈBRES.

1116 La Commune, l'Église et l'État dans leurs rapports avec les classes laborieuses, par Ferdinand Bechard. Paris, 1849, in-12.

1117 Devoirs, droits, assistance par le christianisme, la liberté, l'éducation, par de Bausset-Roquefort. Paris, 1849, in-12.

1118 Œuvres de Louis-Napoléon Bonaparte, publiées par Temblaire. Paris, 1848, in-8°.

1119 Œuvres de Napoléon III. Paris, 1854, 4 vol. in-8°.

1120 Essai sur l'organisation du travail et l'avenir, par Morin Théodore. Paris, 1845, in-8°.

1121 De la mendicité et du travail, par Valentin Smith. Clermont, 1848, 123 p. p. in-8°.

1122 Etudes sur le paupérisme et sur les moyens d'arriver à l'extinction de la mendicité, par Mallard. 1846, 51 p. p. in-8°.

1123 Rapport de la commission de Paris pour les victimes de l'inondation dans le département du Rhône.

1124 Les Caisses d'épargnes collectives, ou les associations mutuelles sur la vie. Paris, 1846, 39 p. p. in-8°.

1125 Travaux de la commission des enfants-trouvés instituée le 22 août 1849, par arrêté du ministère de l'intérieur. Paris, 1850, 2 vol. in-4°.

1126 Les mystères des pompes funèbres de la ville de Paris, dévoilés par les entrepreneurs eux-mêmes, suivis du guide des familles pour le règlement général des convois d'après les tarifs du cahier des charges, par Balard. Paris, 1856, in-8°.

§ VII.

SYSTÈME PÉNITENTIAIRE ET PRISONS.

1127 Du système pénitentiaire aux États-Unis et de son application en France, suivi d'un appendice sur les colonies pénales, par de Beaumont et de Tocqueville. Paris, 1833. in-8°.

1128 Traité des diverses institutions complémentaires du régime pénitentiaire, par Bonneville. Paris, 1847, in-8°.

1129 Projet de loi sur les prisons présenté à la Chambre des pairs le 10 juin 1844.—Observations de la Cour de cassation et des Cours royales sur ce projet de loi. Paris, 1845, grand in-4°.

1130 Projet de loi sur les prisons présenté à la Chambre des pairs le 10 juin 1844. — Observations de MM. les préfets sur ce projet de loi dans ses rapports avec l'administration et la police des prisons. Paris, 1846, in-4°.

1131 Rapport sur le projet de loi relatif au régime des prisons, par G. Moulin-Darrot. Riom, 1844, in-8°.

1132 De la réforme des prisons, par Charles Lucas. Paris, 1836, 3 vol. in-8°.

1133 Statistique spéciale des maisons de répression. — Ses conséquences. par le docteur Vingtrinier. – Rouen, 1845, 30 p. p. in-8°.

1134 Des prisons et des prisonniers, par le docteur Vingtrinier. Versailles, 1840, in-8°.

1135 Rapport fait à l'Académie des sciences, belles-lettres et arts de Clermont-Ferrand, sur l'ouvrage de M. Vingtrinier, intitulé : « Des prisons et des prisonniers, » par H. Conchon. Clermont, 1849, 53 p. p. in-8°.

1136 De la réforme des prisons. — Discours prononcé par de Boissieux. Riom, 1838, in-8°.

§ VIII.

INSTRUCTION PUBLIQUE (son organisation).

1137 Histoire de l'Université de Paris, par Eugène Dubarle. Paris, 1844, 2 vol. in-8°.

1138 Quant aux lois qui régissent l'Université. — Voir Rendu, n° 843.

1139 Recueil de la discussion de la loi sur l'instruction secondaire à la Chambre des pairs. Paris, 1844, 2 vol. in-8°.

1140 Mémoire adressé au Conseil municipal de Riom sur la nécessité de s'occuper de l'enseignement public comme base de la prospérité des familles, par Versepuy. Riom, 1851, 47 p. p. in-8°.

1141 Exposé présenté à la Commission municipale de Riom, sur les écoles de droit en général et sur les avantages que retirerait la ville de Riom de posséder une de ces écoles, par Versepuy. Riom, 1855, 38 p. p. in-8°.

LIVRE VI.

HISTOIRE NATURELLE ET SCIENCES.

CHAPITRE Ier.

HISTOIRE NATURELLE. — PALÉONTOLOGIE.

1142 De la nature. — Voir t. 12 des œuvres de Platon, n° 1317.

1143 Discours sur les révolutions du globe, par Cuvier, avec des notes et un appendice d'après les travaux récents de Humbold, Flourens, etc. Paris, 1851, in-12.

1143 *bis* Le monde avant la création de l'homme, ou le berceau de l'univers, par le docteur W.-A. Zimmermann. Paris, 1857, in-8°.

1144 Recherches sur les ossements fossiles, où l'on rétablit les caractères de plusieurs animaux dont les révolutions du globe ont détruit les espèces, par G. Cuvier. Paris, 1834-36, 10 vol. in-8°. — Atlas. — 2 vol. de planches petit in-folio.

1145 Œuvres complètes de Buffon. — Gravures coloriées, 9 vol. in-8°.

1146 Œuvres du comte Lacépède, comprenant l'histoire naturelle des quadrupèdes ovipares, des serpents, des poissons et des cétacés. 3 vol. in-8°, avec gravures. (Cet ouvrage fait suite aux œuvres de Buffon).

1147 L'histoire de la nature des oiseaux, avec leurs descriptions et naïfs portraits, par Pierre Belon du Mans. — Paris, 1555, in-folio.

1148 Dictionnaire d'histoire naturelle. — Voir Brard, n° 1158.

CHAPITRE II.

SCIENCES.

1149 De l'origine des sciences. — Voir Goguet, n° 419.

1150 Discours sur les sciences et sur les arts. — V. t. 4 des œuvres de J.-J. Rousseau, n° 1318.

1151 Encyclopédie, ou dictionnaire raisonné des sciences, arts et métiers, par une société de gens de lettres, mis en ordre et publié par Diderot et d'Alembert. Paris, 1751-77, 35 vol. in-folio.

1152 Mémoires de l'Institut royal de France. — Académie des inscriptions et belles-lettres — t. 14, 2e partie; t. 15, 1re partie; t. 16, 2e partie, et t. 17, in-4°.

1153 Mémoires présentés par divers savants à l'Académie royale des inscriptions et belles-lettres, 2e série, t. 1er. Paris, 1843, in-4°.

1154 Mémoires de l'Académie impériale des sciences, belles-lettres et arts de Lyon, t. 4.

1155 Congrès scientifique de France. — Sixième session tenue à Clermont-Ferrand. 1839, in-8°.

1156 Compte-rendu des travaux de la société Eduenne, de 1836 à 1837. Autun, 1839, in-8°.

1157 Articles sur la physique. — Voir annuaire du bureau des longitudes, n° 1164.

1158 Dictionnaire de physique, de chimie et d'histoire naturelle, par Brard. Paris, 1838, in-8°.

1159 Observations sur les eaux thermales et minérales de la Bourboule, par le docteur Choussy. Clermont, 1828, 56 p. p. in-8°. — Carte.

1160 Exposition du système du Monde, par Laplace. Paris, 1846, in-4°.

1161 Traité de mécanique céleste, par Laplace. Paris, 1846, 5 vol. in-4°.

1162 Cosmos. — Essai d'une description physique du monde, par Alexandre Humbold, traduit par Ch. Galuski. Paris, 1848-52, 3 vol. in-8°.

1163 Astronomie populaire, par François Arago. Paris, 1854, in-8°.

1164 Annuaire par le bureau des longitudes.

1165 Etat actuel de la science sur les inhalations d'éther employées pour engourdir la sensibilité, par H. Aguilhon. Riom, 1847, 27 p. p. in-8°.

1166 Observations sur la préparation et les effets du chloroforme, par H. Aguilhon et J. Barse. Paris, 1848, 15 p. p. in-8°.

1167 Dictionnaire de botanique. — Voir t. 12 des œuvres de J.-J. Rousseau, n° 1318.

1168 Illustrationes plantarum orientalium, ou choix de plantes nouvelles ou peu connues de l'Asie occidentale, par le comte Jaubert et Ed. Spach. Paris, 1842.

1169 De l'artillerie. — Voir les œuvres de Napoléon III, n° 1119.

LIVRE VII.

BELLES-LETTRES.

CHAPITRE Ier.

HISTOIRE DE LA LITTÉRATURE. — ÉTUDES SUR LA LITTÉRATURE.

1170 Histoire de la littérature grecque, par Alexis Pierron. Paris, 1850, in-12.

1171 Histoire de la littérature romaine, par Alexis Pierron. Paris, 1852, in-12.

1172 Etudes sur l'antiquité, précédées d'un essai sur les phases de l'histoire littéraire et sur les influences intellectuelles des races. — Voir les œuvres de Philarète Chasles, n° 1305.

1173 Etudes de littérature ancienne et étrangère, par Villemain. Paris, 1854, in-8°.

1174 Histoire de la littérature française depuis ses origines jusqu'à nos jours, par Demogeot. Paris, 1855, in-12.

1175 La France littéraire. — Années 1832 à 1840, 28 vol.

1176 Cours de littérature française. – Tableau de la littérature au 18e siècle, par Villemain. Paris, 1851, 4 vol. in-8°.

1177 Cours de littérature française. — Tableau de la littérature au moyen-âge, en France, en Italie, en Espagne et en Angleterre, par Villemain. Paris, 1855, 2 vol. in-8°.

1178 Souvenirs contemporains d'histoire et de littérature, par Villemain. Paris, 1854-55, 2 vol. in-8°.

1179 Histoire littéraire de la France. Paris, 1733-1832, 17 vol. in-4°.

1180 La France littéraire, ou dictionnaire bibliographique des auteurs qui ont écrit en français, par J.-M. Quérard. Paris, 1827, 10 vol. in-8°.

1181 Etudes sur le seizième siècle en France, précédées d'une histoire de la littérature et de la langue française de 1470 à 1610, par Philarète Chasles, in-12.

1182 Histoire poétique et littéraire de l'ancien Velay, par Mandet. Paris, 1842, in-4°.

1183 Belles-Lettres. — Voir mémoires de l'Académie de Lyon, n° 1154.

1184 Etudes sur W. Shakspeare, Marie Stuart et l'Arétin.

— Le drame, les mœurs et la religion au XVIe siècle, par Philarète Chasles. Paris, in-8°.

1185 Etudes sur la littérature et les mœurs de l'Angleterre au XIXe siècle, par Philarète Chasles, in-8°.

1186 Etudes sur la littérature et les mœurs des Anglo-Américains au XIXe siècle, par Philarète Chasles, in-8°.

1187 Etudes sur l'Espagne et sur les influences de la littérature espagnole en France et en Italie, par Philarète Chasles, in-8°.

CHAPITRE II.

LINGUISTIQUE. — DICTIONNAIRES.

1188 Exposition des idées de Platon et d'Aristote sur la nature et l'origine du langage (discours), par A.-G. Bellin. Strasbourg, 1842, 32 p. p. in-8°.

1189 Histoire de la langue française de 1470 à 1610, par Philarète Chasles. — Voir n° 1181.

1190 Histoire de la langue romane (roman-provençal), par Francisque Mandet. Paris, 1840, in-8°.

1191 Dictionnaire grec-français, par C. Alexandre. Paris, 1840, grand in-8°.

1192 Dictionnaire français-grec, par Planche, Alexandre et Defaucompré. Paris, 1841, grand in-8°.

1193 Vocabulaire universel latin-français, contenant les mots de la latinité des différents siècles, à l'exception de ceux qui sont analogues à la langue française, par Chompré. Paris, 1754, in-8°.

1194 Dictionnaire latin-français, par Noël. Paris, 1836, grand in-8°.

1195 Dictionnaire français-latin, par Noël. Paris, 1840, grand in-8°.

1196 Ambr. Calepini dictionarium octolinguæ, adornatum à P. Joanne Ludovico de la Cerda. Lugduni, 1656, 2 vol. in-folio.

1197 Dictionnaire celto-breton ou breton-français, par J.-F.-A. Le Gonidec. Angoulême, 1821, in-8°.

1198 Dictionnaire de la langue romane, par J.-B.-B. Roquefort. Paris, 1808, 2 vol. in-8°, avec supplément.

1199 Dictionnaire provençal-français, ou de la langue d'Oc ancienne et moderne, suivi d'un vocabulaire français-provençal, par J. Honnorat. Digne, 1846, 2 vol. in-8°.

1200 Dictionnaire de l'Académie française. Paris, 1835, 2 vol. in-4° et supplément.

1201 Dictionnaire de poche français-anglais et anglais-français, par J. Ouiseau. Paris, 1839, in-18.

CHAPITRE III.

RHÉTEURS.

1202 De la rhétorique. — Voir t. 3 des œuvres de Platon, n° 1317.

1203 De la rhétorique. — Voir t. 2 des œuvres de Cicéron, n° 1306.

1204 Œuvres de Quintilien. Paris, 1829, 6 vol. in-8°.

CHAPITRE IV.

ÉLOQUENCE DE LA CHAIRE — DE LA TRIBUNE — JUDICIAIRE.

1205 Essai sur l'éloquence de la chaire, par Maury. Paris, 1827, 3 vol. in-8°.

1206 Tableau de l'éloquence chrétienne au IVe siècle, par Villemain. Paris, 1851, in-8°.

1207 Sermons. — Voir t. 11 à 17 des œuvres de Bossuet, n° 1304.

1208 Oraisons funèbres. — Voir t 17 et suiv. des œuvres de Bossuet, n° 1304.

1209 Oraison funèbre des Athéniens morts pour la patrie. — Voir t. 4 des œuvres de Platon, n° 1317.

1210 Essai d'institutions oratoires, par Delamalle, 2e édit. Paris, 1822, 2 vol. in-8°.

1211 Œuvres de Démosthènes, traduction d'Auger revue par Planche. Paris, 1819, 10 vol. in-8°.

1212 Discours du général Foy. — Voir économie politique, n° 1067.

1213 Essai sur l'éloquence judiciaire, par Tronjolly. Paris, 1829, 2 vol. in-8°.

1214 Harangues. — Voir les œuvres de Cicéron et la table au dernier volume, n° 1306.

1215 Harangues. — Voir t. 1 et 2 des œuvres de Michel de l'Hospital, n° 1309.

1216 Discours. — Voir les œuvres de d'Aguesseau, n° 1301.

1217 Œuvres d'Omer et Denis Talon, publiées par Rives. Paris, 1821, 6 vol. in-8°.

1218 Œuvres de Servan. Paris, 1825, 5 vol. in-8°.

1219 Causes célèbres criminelles et politiques du XIXe siècle. Paris, 1827-28, 8 vol. in-8°.

1220 Causes célèbres et intéressantes, avec les jugements qui les ont décidées, par Richer. Amsterdam, 1772, 18 vol. in-12.

1221 Mémoires et plaidoyers, par Delamalle. Paris, 1827, 4 vol. in-8°.

1222 Œuvres complètes de Bellart. Paris, 1827-28. 6 vol. in-8°.

1223 Barreau français, publié par Clair et Clapier. Paris, 1821-27, 18 vol. in-8°.

1224 Annales du barreau français. Paris, 1823-34, 16 vol. in-8°.

1225 Barreau anglais, publié par Clair et Clapier. Paris, 1824, 3 vol. in-8°.

CHAPITRE V.

POÉSIE.

1226 Œuvres de Sollius Appolinaris Sidonius, traduites en français avec le texte en regard et des notes, par Grégoire et Colombet. Lyon, 1836, 3 vol. in-8°.

1227 Dante. — L'enfer. — Traduit par Mesnard. Paris, 1854, grand in-8°.

1228 Œuvres complètes du roi René, avec une biographie et des notices, par le comte de Quatrebarbes. Angers, 1846, 4 vol. in-4°.

1229 Racan. — Poésies. — Panthéon littéraire, t. 40. Paris, 1838.

1230 Poésies latines. — Voir t. 3 des œuvres de Michel de l'Hospital, n° 1309.

1231 Segrais. — Poésies. — Panthéon littéraire, t. 40. Paris, 1838.

1232 Racine, Louis. — Poésies. — Poème de la religion. — Panthéon littéraire, t. 40. Paris, 1838.

1233 Piron. — Poésies. — Panthéon littéraire, t. 40. Paris, 1838.

1234 Dorat. — Poésies. — Panthéon littéraire, t. 41. Paris, 1839.

1235 Lafare. — Poésies. — Panthéon littéraire, t. 40. Paris, 1838.

1236 Marmontel. — Poésies. — Panthéon littéraire, t. 40. Paris, 1838.

1237 Madame Deshoulières. — Poésies. — Panthéon littéraire, t. 40. Paris, 1838.

1238 Chaulieu. — Poésies. — Panthéon littéraire, t. 40. Paris, 1838.

1239 Vergier. — Poésies. — Panthéon littéraire, t. 40. Paris, 1838.

1240 Saint-Lambert. — Poésies. — Panthéon littéraire, t. 40. Paris, 1838.

1241 Léonard. — Poésies (idilles). — Panthéon littéraire, t. 41. Paris, 1839.

1242 Florian. — Poésies. — Panthéon littéraire, t. 41. Paris, 1839.

1243 Gilbert. — Poésies. — Panthéon littéraire, t. 41. Paris, 1839.

1244 Gresset. — Poésies. — Panthéon littéraire, t. 40. Paris, 1838.

1245 Legouvé. — Poésies. — Panthéon littéraire, t. 41, Paris, 1839.

1246 Laharpe. — Poésies. — Panthéon littéraire, t. 40. Paris, 1838.

1247 Lebrun. — Poésies. — Panthéon littéraire, t. 40. Paris, 1838.

1248 Bonnard (de). — Poésies. — Panthéon littéraire, t. 41. Paris, 1839.

1249 Bertin. — Poésies. — Panthéon littéraire, t. 41. Paris, 1839.

1250 Bernis (de). — Poésies. — Panthéon littéraire, t. 40. Paris, 1838.

1251 Bernard. — Poésies. — Panthéon littéraire, t. 40. Paris, 1838.

1252 Voltaire. — La Henriade. — La Pucelle. — Voir t. 10 et 11 de ses œuvres, n° 1319.

1253 Houdard de la Motte. — Poésies. — Panthéon littéraire, t. 40. Paris, 1838.

1254 Imbert. — Poésies. — Panthéon littéraire, t. 41. Paris, 1839.

1255 Senecé. — Poésies. — Panthéon littéraire, t. 40. Paris, 1838.

1256 Lemierre. — Poésies. — Panthéon littéraire, t. 40. Paris, 1838.

1257 Lefranc de Pompignan. — Poésies. — Panthéon littéraire, t. 40. Paris, 1838.

1258 André Chenier. — Poésies. — Panthéon littéraire, t. 41. Paris, 1839.

1259 Marie-Joseph Chenier. — Poésies. — Panthéon littéraire, t. 41. Paris, 1839.

1260 Colardeau. — Poésies. — Panthéon littéraire, t. 40. Paris, 1838.

1261 Parny. — Poésies. — Panthéon littéraire, t. 41. Paris, 1839.

1262 Malfilâtre. — Poésies. – Panthéon littéraire, t. 40. Paris, 1838.

1263 Luce de Lancival. — Poésies. – Panthéon littéraire, t. 41. Paris, 1839.

1264 Millevoie. — Poésies. — Panthéon littéraire, t. 41. Paris, 1839,

1265 Stances sur la bataille de l'Alma, par Louis Barse. Paris, 1854, 20 p. p. in-8°. 2e édit.

1266 Poème anglais sur la bataille d'Azincourt.--Panthéon littéraire, t. 6. Paris, 1838.

CHAPITRE VI.

THÉATRE.

1267 Théâtre français au moyen-âge. — Panthéon littéraire, t. 42. Paris, 1840.

1268 Le devin du village. — Voir t. 11 des œuvres de J.-J. Rousseau, n° 1318.

1269 Théâtre. — Voir les œuvres de Voltaire, n° 1319.

1270 Théâtre. — Ducis. — Panthéon littéraire, t. 41. Paris, 1839.

1271 Jantin, homme d'Etat; comédie en cinq actes et en vers, par Deroure. Clermont-Ferrand, 1856, in-8°.

CHAPITRE VII.

ÉPISTOLAIRE.

1272 Lettres. — Voir t. 18 à 23 des œuvres de Cicéron, n° 1306.

1273 Pline le jeune. — Lettres. — Panthéon littéraire, t. 33. Paris, 1836.

1274 Lettres de Sidoine Appolinaire. — Voir ses œuvres à la poésie, n° 1226.

1275 Grotii Hug., epistolæ quotquot reperiri potuerunt, cum variorum argumentis. Amsterdam, 1687, in-folio.

1276 Lettres, opuscules et mémoires de Madame Perier et de Jacqueline, sœurs de Pascal, et de Marguerite Perier, sa nièce, par Faugère. Paris, 1845, in-8°.

1277 Lettres. — Voir t. 17 à 20 des œuvres de J.-J. Rousseau, n° 1318.

CHAPITRE VIII.

FABLES ET CONTES.

1278 Les mille et une nuits. — Contes arabes. — Panthéon littéraire, t. 43. Paris, 1838.

1279 Contes en vers. — Voir Voltaire, t. 14, n° 1319.

1280 Romans philosophiques. — Voir Voltaire, t. 33 et 34, n° 1319.

LIVRE VIII.

BEAUX-ARTS. — ARCHÉOLOGIE.

1281 Du beau. — Voir t. 4 des œuvres de Platon, n° 1317.

1282 De l'origine des arts. — Voir Goguet, n° 419.

1283 Histoire de l'art chez les anciens, par Winkelmann, traduit de l'allemand avec des notes historiques et critiques de différents auteurs. Paris, an XI-1802, 3 vol. in-4°, avec figures.

1284 Discours sur les arts. — Voir t. 4 des œuvres de J.-J. Rousseau, n° 1318.

1285 Encyclopédie, ou dictionnaire raisonné des arts et métiers. — Voir Diderot et d'Alembert, n° 1151.

1286 Précis historique sur l'imprimerie nationale, accompagné des spécimens de ses caractères français et étrangers, par A. Duprat. Paris, 1848, in-8°.

1287 Éléments de paléographie pour servir à l'étude des documents inédits sur l'histoire de France, par Natalis de Wailly. Paris, 1838, 2 vol. in-folio avec gravures.

1288 Exposition universelle de 1855 à Paris.—Explication des ouvrages de peinture, sculpture, gravure, lithographie et architecture des artistes vivants français et étrangers, exposés au Palais des beaux-arts. Paris, 1855, in-12.

1289 L'Acropole d'Athènes, par E. Beulé. Paris, 1853, 2 vol. in-8°.

1290 Voyage archéologique en Grèce et en Asie-Mineure, fait par ordre du Gouvernement français pendant les années 1843 et 1844, par Philippe Lebas, avec la coopération d'Eugène Landron. Paris, 1853, 41 liv. in-4°.

1291 Choix de peintures de Pompeï, avec introduction sur l'histoire de la peinture chez les Grecs et chez les Romains, par Raoul-Rochette. Paris, 1844, in-folio.

1292 Pompeïa décrite et dessinée par Ernest Breton. Paris, 1855, in-8°.

1293 Note sur les antiquités découvertes au Mont-Dore, par Bertrand. Clermont-Ferrand, 1844, 16 p. p. in-8°.

1294 Restitution du temple d'Empédocle à Salinonte, ou l'architecture polychrôme chez les Grecs, par J.-J. Hittorff, architecte, avec un atlas. Paris, 1851. in-4°.

1295 Mémoires archéologiques de la société Eduenne. Autun, 1844, in-8°.

1296 Essai sur les églises romanes et romano-bysantines du département du Puy-de-Dôme, par Mallay. Moulins, 1838, in-4°.

1297 Esquisse archéologique des principales églises du diocèse de Nevers, par Bourassé. Nevers, 1844, in-8°.

1298 Album de la Plata, par d'Hastrel. Paris, in-folio.

1299 L'Empereur et la garde impériale, par Charlet, in-folio.

1300 Dictionnaire de musique. — Traité sur la musique.— Voir t. 13 et 14 des œuvres de J.-J. Rousseau, n° 1318.

LIVRE IX.

POLYGRAPHES

(par ordre alphabétique des noms d'auteurs).

1301 Aguesseau (d'). — Œuvres complètes. Paris, 1819, 16 vol. in-8°.

1301 *bis* Annales scientifiques, littéraires et industrielles de l'Auvergne, publiées par l'Académie des sciences, belles-lettres et arts de Clermont, et rédigées par Lecoq. (Ouvrage très-incomplet. En tout 49 livraisons. La première contient juillet et août 1834; la dernière, janvier et février 1850).

1302 Bayle, Pierre. — Dictionnaire historique et critique, 5e édition, revue, corrigée et augmentée, avec la vie de l'auteur, par des Maizeaux. Amsterdam, 1740, 4 vol. in-folio.

1303 Bentham. — Œuvres complètes. Paris, 1827-34, 11 vol. in-8°.

1304 Bossuet. — Œuvres complètes. Versailles, 1815, 43 vol. in-8°.

1305 Chasles (Philarète). — Œuvres complètes, 14 vol. in-8°.

1306 Cicéron. — Œuvres complètes traduites en français par Leclerc. Paris, 1835, 36 vol. in-8°.

1307 Ducange. — Glossaire, avec le supplément de Charpentier. Paris, 1733-66, 10 vol. in-folio.

1308 Enseignement élémentaire universel, ou encyclopédie de la jeunesse, par Andrieux (de Brioude), Louis Baudet, etc. Paris, 1845, in-12.

1309 Hospital (Michel de l'). — Œuvres complètes. Paris, 1824, 5 vol. in-8°. Figures.

1310 Instruction pour le peuple. — Cent traités sur les connaissances les plus indispensables, par Alcan et autres ; t. 1er. (Traités 1 à 50). Paris, 1848, in-12.

1311 Million de faits (un). — Aide-Mémoire universel des sciences, des arts et des lettres, par Aicard et autres. Paris, 1846, in-12.

1312 Moniteur universel. — Voir à l'histoire de France, nos 223 et 224.

1313 Montesquieu. — Œuvres avec des commentaires. Paris, 1827, 8 vol. in-8°.

1314 Napoléon. — Ses opinions et jugements sur les hommes et sur les choses, recueillis par ordre alphabétique, avec une introduction et des notes, par Damas-Hinard. Paris. 1838, 2 vol. in-8°.

1315 Notices et extraits des manuscrits de la bibliothèque du roi, t. 14e. 2 parties. Paris, 1841-43, in-4°.

1316 Patria. — La France ancienne et moderne, morale et matérielle, ou collection encyclopédique et statistique de tous les faits relatifs à l'histoire physique et intellectuelle de la France et de ses colonies, par J. Aicard et autres. Paris, 1847, 2 vol. in-12.

1317 Platon. — Œuvres complètes, traduites du grec en français, avec des notes, par Victor Cousin. Paris, 1826-52, 13 vol. in-8°.

1318 Rousseau, J.-J. — Œuvres complètes. Paris, 1821, 21 vol. in-8°.

1319 Voltaire. — Œuvres complètes, avec préface, notes, etc., par Beuchot. Paris, 1830-40, 72 vol., y compris 2 vol. de tables, in-8°.

1319 *bis* Pièces diverses, in-4°.

LIVRE X.

BIBLIOGRAPHIE. — BIBLIOTHÉCONOMIE.

1320 Description d'une collection de livres, par Charles Nodier. Paris, 1844, in-8°.

1321 Manuel du libraire et de l'amateur de livres, contenant : 1° Un nouveau dictionnaire bibliographique ; 2° une table en forme de catalogue raisonné, par J.-Ch. Brunet. Paris, 1842, in-8°.

1322 Dictionnaire des ouvrages anonymes et pseudonymes, par Barbier. Paris, 1822-27, 4 vol. in-8°.

1323 Catalogue général des manuscrits des bibliothèques publiques des départements.

1324 Catalogue des ouvrages de droit, de législation et de jurisprudence, publiés spécialement en France depuis 1789 jusqu'à la fin de novembre 1853.

1325 Répertoire des ouvrages de législation, de droit et de jurisprudence en matière civile, administrative, commerciale et criminelle, publiés spécialement en France depuis 1789 jusqu'à la fin de décembre 1856.

1326 Catalogue des livres imprimés et manuscrits de la bibliothèque de Clermont-Ferrand, par Gonod. Clermont-Ferrand, 1839, in-8°.

1327 Catalogue des ouvrages imprimés et manuscrits concernant l'Auvergne, extrait du catalogue général de la bibliothèque de Clermont-Ferrand, par Gonod. Clermont-Ferrand, 1849, in-8°.

1328 Réponse de M. Libri au rapport de M. Boucly. Paris, 1848, 115 p. p. in-8°.

1329 Instruction sur l'arrangement, la conservation et l'administration des bibliothèques, par Constantin. Paris, 1841, in-12.

DIVISIONS GÉNÉRALES.

LIVRE Ier. — RELIGION.

CHAPITRE Ier. — Religion. — Église catholique romaine. — Constitutions et institutions religieuses.

CHAPITRE II. — Histoire de l'Église.

CHAPITRE III. — Conciles et Synodes.

LIVRE II. — HISTOIRE.

CHAPITRE Ier. — Géographie. — Atlas. — Cartes.

CHAPITRE II. — Voyages.

CHAPITRE III. — Histoire générale.

CHAPITRE IV. — Histoire spéciale.

§ Ier. — Histoire grecque.

§ II. Histoire romaine.

§ III. — Histoire de France.

§ IV. — Histoire de pays divers.

§ V. — Biographie.

§ VI. — Autographes.

LIVRE III. — DROIT ET JURISPRUDENCE.

CHAPITRE Ier. — Organisation judiciaire. — Magistrature. — Compétence. — Devoirs.

CHAPITRE II. — Philosophie et histoire de la législation.

Chapitre III. — Droit naturel et des gens.

Chapitre IV. — Droit canonique. — Droit ecclésiastique.

Chapitre V. — Droit romain.

§ Ier. — Histoire.

§ II. — Droit romain antérieur à Justinien.

§ III. — Lois des peuples barbares (avant Justinien).

§ IV. — Corps de droit.

§ V. — Commentaires sur l'ensemble ou sur plusieurs parties du droit romain.

§ VI. — Commentaires sur le digeste.

§ VII — Commentaires sur les institutes.

§ VIII. — Commentaires sur le Code.

Chapitre VI. — Ancienne législation de la France.

Chapitre VII. — Coutumes.

Chapitre VIII. — Droit français intermédiaire.

Chapitre IX. — Corps de droit. — Recueil de lois. — Lexiques.

Chapitre X. — Principes généraux du droit. — Travaux préparatoires et discussions des Codes. — Répertoires. — Ouvrages et commentaires généraux.

Chapitre XI. — Commentaires spéciaux sur le droit civil (en suivant l'ordre du Code Napoléon).

Chapitre XII. — Arrêtistes.

Chapitre XIII. — Actions. — Procédure civile. — Tarif.

Chapitre XIV. — Droit commercial et industriel.

Chapitre XV. — Législation sur des matières spéciales en dehors des cinq Codes.

Chapitre XVI. — Statistique judiciaire civile.

Chapitre XVII. — Droit criminel.

Chapitre XVIII. — Police.

Chapitre XIX. — Droit administratif.

Chapitre XX. — Droit municipal.

Chapitre XXI. — Droit étranger.

Chapitre XXII. — Avocats. — Barreau.

Chapitre XXIII. — Notariat.

Chapitre XXIV. — Enregistrement.

LIVRE IV. — MORALE. — MÉTAPHYSIQUE. — PHILOSOPHIE.

CHAPITRE Ier. — Morale.
CHAPITRE II. — Métaphysique.
CHAPITRE III. — Philosophie.

LIVRE V. — ÉCONOMIE POLITIQUE.

CHAPITRE Ier. — Science sociale. — Principes généraux. — Constitutions.

CHAPITRE II. — Administration. — Matières spéciales.

§ Ier. — Population. — Statistique.
§ II. — Santé publique.
§ III. — Chemins. — Canaux.
§ IV. — Agriculture. — Commerce et manufactures. — Mines.
§ V. — Finances.
§ VI. — Organisation du travail. — Paupérisme et mendicité. — Secours. — Enfants trouvés. — Pompes funèbres.
§ VII. — Système pénitentiaire et prisons.
§ VIII. — Instruction publique (son organisation).

LIVRE VI. — HISTOIRE NATURELLE ET SCIENCES.

CHAPITRE Ier. — Histoire naturelle. — Paléontologie.
CHAPITRE II. — Sciences.

LIVRE VII. — BELLES-LETTRES.

CHAPITRE Ier.—Histoire de la littérature.—Études sur la littérature.
CHAPITRE II. — Linguistique et dictionnaires.
CHAPITRE III. — Rhéteurs.
CHAPITRE IV.—Éloquence de la chaire —.de la tribune — judiciaire.
CHAPITRE V. — Poésie.
CHAPITRE VI. — Théâtre.
CHAPITRE VII. — Épistolaire.
CHAPITRE VIII. — Fables et contes.

LIVRE VIII. — BEAUX-ARTS. — ARCHÉOLOGIE.

LIVRE IX. — POLYGRAPHES

(Par ordre alphabétique de noms d'auteurs).

LIVRE X. — BIBLIOGRAPHIE. — BIBLIOTHÉCONOMIE.

TABLE ALPHABÉTIQUE

DES NOMS D'AUTEURS

ET DES OUVRAGES ANONYMES.

A

B

C

D

E

F

G

H

K

L

M

N

O

P

Q

R

S

T

V

W

X

Z

FIN.

Riom. — Imp. de G. Leboyer.

www.ingramcontent.com/pod-product-compliance
Ingram Content Group UK Ltd.
Pitfield, Milton Keynes, MK11 3LW, UK
UKHW021122220726
13924UKWH00004B/1856